작고
강한
농업

이 도서의 국립중앙도서관 출판예정도서목록(CIP)은 서지정보유통
지원시스템 홈페이지(http://seoji.nl.go.kr)와 국가자료공동목록시스템
(http://www.nl.go.kr/kolisnet)에서 이용하실 수 있습니다.
(CIP제어번호: CIP2015033765)

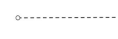

도시청년, 밭을 경영하다

작고 강한 농업

히사마쓰 다쓰오 지음　고재운 옮김

눌와

차례

3장 언어로 땅을 갈고 언어로 파종한다

4장 밭에서 하는 생각들

5장 나의 가장 중요한 농기구, IT

6장 자유롭되 가난하지 않은 농업론

7장 작고 강한 농업을 향해

들어가며 - 농업은 매력적인 일이다

히사마쓰농원久松農園은 약간 특이한 곳입니다. 밭의 면적은 4헥타르 정도에 불과하지만 매해 50종이 넘는 제철 유기농 채소를 노지에서 재배해 전국의 음식점과 정기 구입자들에게 직접 판매하고 있습니다.

15년 전 농장을 일구기 전까지 전 대학을 나와 회사에 취직한 평범한 회사원이었습니다. 저는 물론이고 직원 일곱 명 모두가 이 농장에 오기 전까지는 농업과는 인연이 없던 사람들입니다. 그런 풋내기들이 도쿄東京의 일류 레스토랑 주방장을 비롯한 입맛이 까다로운 고객이 좋아하는 맛있는 채소를 재배하고 있고 그럭저럭 돈도 벌고 있습니다.

자본도 기술도 없는 저희가 가진 강점은 강력한 동기 부여와 철저한 업무 효율화입니다. 농장을 알찬 규모로 유지하고 생산에서 판매까지 철저히 관여하는 것이 환경이 혹독한 농업계에서 살아남기 위한 우리 나름의 생존법입니다. 고객에게는 큰 기쁨을 주고 우리는 좋아하는 일을 해서 먹고산다. 이것이 우리가 목표로 하는 작고 강한 농업입니다.

이렇게 말하면 듣기에는 좋을지 모르겠지만 앞날을 예측하여 여기까지 온 것은 절대 아닙니다. 지금까지 말씀드린 이야기는 전적으로 결과론입니다. 지금의 모습은 문제에 부딪히면 늘 임기응변으로 발버둥을 치고 어찌어찌해서 살아남은 결과입니다. 어느

새부터 사업가라는 소리를 듣습니다만, 제 자신의 강한 의지로 새로운 길을 걸었다기보다는 사고로 딴 길로 빠졌을 따름입니다. 전략이니 예측이니 하는 것과는 동떨어진 길을 걸어왔습니다. 이 책에도 나오는 제 친구 하기와라 노리유키萩原紀行는 나가노長野 현에서 농사일을 하고 있는데, 후배가 제 졸작인 《겉치레 없는 농업론 キレイゴトぬきの農業論》을 읽고는 "하기와라 선배님, 히사마쓰 씨를 아십니까? 그 사람 정말 대단한 전략가더라고요!"라고 하자 엉겁결에 "무슨 소리야, 그 사람이 얼마나 멍청한데…"라고 답했다고 합니다.

농사일에 대한 감도 근성도 없는 저는 스스로를 재배자로서는 이류, 경영자로서는 삼류라고 생각합니다. 돌이켜보면 실패에 또 실패. 시작했을 무렵은 말할 것도 없고 작년조차도 떠올리고 싶지 않은 부끄러운 일이 하나 가득입니다. 앞으로도 벽에 부딪히고 그때마다 발버둥치고 한심한 실패를 반복하면서 살아갈 거라고 생각합니다.

농가 출신이 아닌 사람이 농업에 뛰어들기는 쉽지 않습니다. 말할 것도 없습니다. 정부 조사에 따르면 농업에 종사한 지 10년이 안 된 사람 중 70퍼센트 이상이 생계를 꾸려가지 못하고 있다고 합니다. 제 주위를 봐도 비슷한 시기에 농업에 뛰어든 동료들이 하나둘 포기하고 있습니다.

국가와 지방자치단체 등은 농업에 종사하는 사람을 늘리기 위해 다양한 지원 제도를 마련하고 있습니다. 준비금 지급, 유급 연수 프로그램 제공 등 예전에는 생각지도 못한 알찬 내용들이 가득합니다. '세상 참 좋아졌구나' 하고 생각하는 한편 '그런 제도로 정말로 강한 농업인을 키울 수 있을까' 하는 의문도 저버릴 수 없습니다. 15년 전의 저는 제도가 충실할수록 그 제도에는 매력을 느끼지 못했을 것이라고 생각하기 때문입니다.

"재배 기술과 경영 관리를 몸소 익히고 확실한 자금 계획을 세우세요. 가족들의 도움을 받고 지역과 소통할 수 있는 사람이 되셔야 합니다."

농업에 발을 들여놓기 전 이런저런 일로 들렀던 지방자치단체에서 들은 말입니다. 지금 봐도 정말로 옳은 말입니다. 하나도 틀린 게 없습니다. 하지만 저는 농업에 뛰어들면서 그런 말에 전혀 귀를 기울이지 않았습니다. 사업 계획이라니! 지역과의 융화라니! 나는 그저 농업이 하고 싶을 뿐이라고!

결국 아무것도 모르면서 절차를 모두 무시하고 농업의 세계로 은근슬쩍 들어간 탓에 처음부터 엄청나게 고생했습니다. 그래도 쓸모없는 경험은 하나도 없었습니다. 이 일이 정말로 좋고 열정이 타오르고 있었기 때문에 실패를 통해 많은 것을 배워 어지간한 일은 극복할 수 있었습니다.

농업이 몸으로 익히는 전통적인 일이었던 시대는 종말을 고하고 있습니다. 유기농이라는 세계조차 경영과 과학을 생각해야 하는 때가 되었습니다. 그런데 요즘 마구 쏟아지는 농업 책들은 어떻습니까. 사업 수완만 있으면 누구나 성공할 수 있다고 주장하지는 않습니까. 하지만 농업은 그렇게 단순하지 않습니다. '하고 싶다!'는 꺼지지 않는 불씨를 마음 깊이 간직하고 있지 않으면 아무리 풀무질을 해도 강한 불꽃을 계속 일으킬 수 없습니다. 열정이라는 불씨를 지피고 경영과 과학이라는 장작을 계속해서 넣어야 합니다.

예를 들자면 저는 입학시험에 떨어진 뒤 담을 넘어 학교에 몰래 들어간 수험생과 같은 농부입니다. 앞으로도 저 같은 사람은 입학시험에는 합격을 하지 못하거나 애초에 응시를 안 할 겁니다. 그렇지만 결과적으로 저는 지금도 살아남아 생계를 꾸려가는 30퍼센트 쪽에 속합니다. 어쩌면 합격번호를 받지 못한 쪽에도 뭔가 참고할 만한 점이 있을지 모릅니다. 그렇다면 설사 미숙하고 부끄러운 과거일지라도 글로 남기는 데 의미가 있겠다고 생각해서 펜을 들었습니다.

미리 말씀드립니다만 이 책에는 '농업 경영의 비결'이나 '유기농의 핵심'과 같은 정답은 하나도 쓰여 있지 않습니다. 성공하는 사람과 실패하는 사람이 따로 있는 이상 정답은 어딘가에 있을 것입니다. 하지만 유감스럽게도 해답이 어디에 있는지 지금의 저로서는 알 수 없습니다. 제가 할 수 있는 건 실제로 농업 현장에서 일어나는 일, 떠올리는 생각을 전하는 것 정도뿐입니다. 성공 비결을 직접 이야기할 수는 없지만 작은 사례 여럿을 구체적으로 적어서 정답의 윤곽을 떠올리게 할 수는 있을지도 모른다. 저는 그렇게 생각합니다.

이 책은 이런 것들을 전하고자 썼습니다. 왕도를 걷는 이들에게는 '이런 사람도 있으니 좀 더 앞서갈 수 있겠구나' 하는 자신감을, 나에게는 농업이 맞지 않을 거라고 생각하는 사람들에게는 도전을 포기하지 않을 근거를, 다른 영농 희망자들에게는 헛된 꿈에서 눈을 뜰 계기를.

어지간한 행운아가 아닌 이상 일본이 지금 이대로 괜찮다고 생각진 않을 것입니다. 앞으로 무엇을 어떻게 해야 좋을지는 아무도 모릅니다. 그래도 우리는 온 힘을 다해 살아가야 합니다.

모두가 부러워하는 확실한 진로 따위는 없음이 분명해진 지금, 젊은 사람은 좋아하는 일을 관철하고 자신의 머리와 손으로 생각해서 시대를 개척해야만 합니다. 농업은 그것을 작은 규모로도 해낼 수 있는 몇 없는 직업 가운데 하나입니다. 사람의 생각대로 되지 않는 조건 속에서 이길 기회를 발견하는 지적이고 창조적인 농업의 매력이 전달되기를 바랍니다.

1장

대기업 사원의
요란한 일탈

건방진 신입사원

저는 소위 명문대를 나와 대기업에 취직했던 사람입니다. 그런 제가 왜 순탄한 회사원 생활을 버리고 혹독한 농업 세계에 뛰어들었는지를 우선 적어보겠습니다.

저는 1994년 4월 데이진1915년 오사카에서 창업한 일본의 섬유 회사. 2014년 기준 매출액이 약 7600억 엔, 사원이 약 16000명에 달하는 대기업이다.에 입사했습니다. 거품경제 붕괴 후 취직 빙하기에 돌입했을 무렵입니다. 한 살 위인 선배 때는 채용 인원이 2년 전의 절반이었고 제 때는 또 그 절반으로 줄어들었습니다.

한 달에 걸친 신입사원 연수를 마친 뒤 오사카大阪 본사의 섬유 사업부로 발령을 받았습니다. 저는 공업 분야의 기술 쪽 영업 업무를 하고 싶어서 데이진을 선택했습니다. 도쿄 지사의 수지樹脂나 필름 부문에서 근무하기를 원했는데 오사카로 가게 되어 꽤 충격을 받았습니다. 그래도 오사카 본사에 고기능섬유 영업 업무가 있었습니다. 부서배속 면접에서 어떻게든 그 부서로 보내달라고 강력히 요구했습니다. 면접관은 섬유 부문의 고위 임원과 인사과장이었습니다. 임원분이 저에게 말했습니다.

"자네가 하는 말은 알겠는데 섬유는 회사의 주력 사업이라 여러 부서가 있지. 당연히 의류 업무를 시킬 수도 있다네."

"아니오, 저는 의류에는 전혀 흥미가 없습니다."

"그렇다면 윗자리에 오를 수가 없어. 자네가 좋아하는 일만으로는 회사가 돌아가지 않아."

"아니오. 저는 공업용 분야가 아니라면 할 생각이 없습니다."

임원분은 얼굴이 점점 붉어졌고 저를 가리키며 큰소리로 호통을 쳤습니다.

"그야말로 자기 생각만 하는군. 거만하게!"

저는 사과하기는커녕 화를 내도 달라질 게 없다며 상대를 무시했습니다. 그때 옆에서 가만히 듣고 있던 인사과장님이 조용히 수습해주셨습니다.

"자네처럼 하고 싶은 일이 확실하다는 것은 아주 좋은 태도라고 생각해. 소중히 간직하게. 하지만 커다란 조직 안에서 자신이 하고 싶은 일을 하려면 먼저 자네 편을 늘려야 해. 그렇게 생각하고 열심히 해보면 어떻겠나."

그 말의 깊은 뜻을 즉시 이해하진 못했지만, 말이 쉬워서 그런지 묘하게 납득이 갔습니다. 오히려 회사를 그만두고 독립하고 나서야 이때 들은 말의 진정한 의미를 깨닫고 서서히 써먹게 됩니다. 그 과장님과는 그 후 만날 기회가 거의 없었는데 제가 회사를 그만두기 직전에 해외 부임지에서 돌아가셨습니다. 저에게는 아주 깊은 인상을 남긴 분입니다.

주장을 굽히지 않았던 덕분인지 고집이 통해 고기능섬유 업무를 맡게 되었습니다. 배속식 후 일러준 부서로 가서 자리에 앉자 책상 위에 이미 '수출 담당'이라는 직함이 든 명함이 준비되어 있었습니다. TOEIC 점수가 높아서 때마침 수출 업무를 담당할 직원을 찾고 있던 고기능섬유 업무 부서의 요청과 맞아떨어졌던 것입니다. 운이 좋았습니다.

회사에서 배운 두 가지

배속된 첫날 관련 부서에 인사를 마친 저에게 직속 상사분이 A4로 네 장 정도 되는 영문 기술 보고서를 건네주셨습니다.

"이걸 정리해봐."

전문적인 내용이라 대충 훑어봐도 도무지 알 수 없었지만 달리 어쩔 도리가 없었기 때문에 사전을 뒤지고 뒤져 꼬박 이틀 정도 걸려 대작을 완성했습니다. 보란 듯이 제출하자 슬쩍 훑어보기만 하고 퇴짜를 놓으셨습니다. "정리하라고 했는데 이건 전부를 번역한 거잖아. 나쓰메 소세키夏目漱石가 한 말 중 이런 게 있어. '오늘은 바빠서 엽서가 아닌 편지를 보냅니다.' 짧게 정리하는 게 그 정도로 어렵다는 거지. 자, 다시 하게." 막무가내인 상사에게 한 방 먹었다고 생각했습니다.

업무 기초에 대한 지도는 엄해서 거래처에 보내는 영문 팩스 등은 종이가 통째로 새빨갛게 보일 정도로 붉은 글씨로 도배되었습니다. 간단한 업무는 적당히 처리하면 될 거라고 생각했던 저는 다 큰 사람을 두고 놀리나 싶어서 꽤나 불쾌했습니다.

"몇 줄 안 되는 편지라도 상대방이 보기에는 회사 얼굴이야. 우리 회사를 대표한다는 자세로 쓰라고."

이런 첨삭이 그 후에도 한동안 계속되었습니다. 격조 높은 문어체를 써야 하고 가벼운 표현은 안 된다는 식으로 세세한 부분까지 수정을 받았습니다. "많이 좋아졌는데"라고 칭찬을 받아도 '그건 어차피 당신 취향이지'라고 생각하는 건방진 신입사원이었습니다. 하지만 어느새인가 혼자서 팩스를 쓸 수 있게 되었습니다. 정신없이 돌아가는 부서였던 덕분에 시시콜콜 잔소리를 듣지는 않았습니다. 하지만 꼭 지켜야 할 부분은 철저히 지켜야 했습니다. 그런 대수롭지 않은 일이야 아무려면 어떠냐고 생각하면서도 서서히 단련이 되어갔습니다.

지금 생각하면 이 신입사원 훈련에서 소중한 두 가지를 배웠습니다. 하나는 업무에서 도망치지 않는 것. 또 하나는 사회인으로서의 긍지입니다.

고객에게 성실해야 하는 것은 업무의 기본입니다. 성가신 일은 누구나 피하고 싶기 마련입니다. 그렇지만 고객들이 가만두지 않기 때문에 업무와 정면으로 맞서야 합니다. 저처럼 게으른 인간은 엄하게 결과를 요구하는 환경을 벗어나서는 안 됩니다.

물론 자질의 차이도 있겠습니다만 저는 똑바로 상대와 맞서는 것은 오히려 습관의 문제라고 생각합니다. 도망치는 것은 자신도 모르는 사이에 버릇이 됩니다. 그리고 안타깝게도 젊었을 때의 도망치는 버릇은 그대로 굳어져서 '나는 이런 인간이다', '더 이상 어쩔 수 없다'라는 식으로 자신의 잠재된 능력보다 훨씬 싸게 자기의 값을 매기고 맙니다.

사회인으로서의 긍지도 사람과의 관계 속에서만 배울 수 있습니다. 저도 학생 시절에는 자기 생각만 했습니다. 하지만 사회에 나와 일을 하면 자신의 생각과 행동이 어쩔 수 없이 다른 사람에게 영향을 미치게 됩니다. 영업 업무는 어디까지나 숫자와 관련한 일입니다. 그렇게 보자면 주어진 규칙 아래서 게임을 하고 있는 것에 불과합니다. 그렇지만 사회의 이목이 쏠리는 전통 있는 회사에서 많은 사람이 관여하는 업무의 일부분을 맡고 있다 보면, 각각의 작은 부분이 움직여 전체가 돌아가지 않으면 난처해지는 사람이 있다는 걸 의식할 수밖에 없습니다. 영업에 실패하면 곧바로 실적에 영향을 끼치게 되고, 경우에 따라서는 공장의 직원이 직장을 잃기도 하니까요.

좋고 싫음을 떠나 일은 똑 부러지게 해야 한다는 자세를 20대 초반에 큰 회사에 근무하면서 자연히 배웠습니다. 세상에 대해 나름 비딱한 태도를 취하던 제가 긍지 비슷한 것을 몸에 익힌 건 이 시기였습니다.

중요한 건 나 자신의 간판이다

간혹 잔소리를 할 뿐 크게 간섭하지 않는 상사 덕분에 일 자체는 재미있었습니다. 연령 구성이 치우친 부서여서 주위에 온통 전문가와 중견뿐. 가볍게 고민을 상담할 선배는 없었지만 그 대신에 하고 싶은 일을 마음껏 할 수 있었습니다.

수출 업무의 묘미는 역시 해외에서 고객과 만나는 데 있습니다. 해외 출장, 회사를 방문하는 고객과의 대화 등은 재미있었습니다. 신소재를 파는 업무는 우리 회사의 제품으로 고객의 문제를 해결하는 일입니다. 서로 다른 주장을 검토하고 양보와 합의를 통해 문제를 해결해가는 재미가 있습니다. 상대가 해외 기업인 경우 언어도 대화 진행 방식도 일본 기업과는 다릅니다. 처음에 입장이 다를수록 양보와 합의 과정이 재미있어집니다.

국내에서야 데이진이 오래되고 유명한 기업입니다만, 해외에서는 거의 지명도가 없었습니다. 특히 제가 담당하던 분야에서는 두 경쟁사에 비하면 무명이나 마찬가지였습니다. 강력한 경쟁 상대가 선점한 시장에 물건의 힘만으로 파고들어 상황을 역전시켜가는 일에 보람을 느꼈습니다.

회사원 생활에 빠져드는 데는 반감을 느꼈습니다. 저는 여럿이 어울리기를 싫어하기 때문에 매일 똑같은 사람들끼리 무리를 지어 점심을 먹으러 가는 것이 정말로 불편했습니다. 2주 정도는 함께 먹으러 갔습니다. 하지만 이내 질려서 "배가 좀 아파서요" 혹은 "일이 좀 남아서 나중에 먹겠습니다"라고 말하며 거절했습니다. 그러다 보니 아무도 저를 찾지 않게 되었습니다. 저는 '선배라는 사람들은 몰려다니는 게 습성인가' 하고 생각했습니다. 그러다 동기가 "너는 매일 혼자 밥을 먹네. 같이 밥 먹을 사람이 없어?"라고 하기에 이 친구는 잘도 적응하는구나 싶어서 놀랐습니다. 솔직히 당시에는 '밥도 혼자서 못 먹나, 정말 바보 같네' 정도로 생각했습니다만….

회사 내부에서 영업 담당자에 대한 평가를 학력이나 외국어 시험 점수 등의 알기 쉬운 척도로 결정해버리는 것도 마음에 들지 않았습니다. 영어를 꽤 하고 이름 있는 대학을 졸업한 저에 대한 평가도 뭐든지 그것과 연결되고 말았습니다. 비꼬는 투로 "학교를 칭찬한다고 딱히 기분이 좋진 않으니까 눈앞에 있는 저를 칭찬해주세요"라고 말한 적도 있습니다.

반대로 능력은 있어도 의사를 잘 전달하지 못하고, 누구나 알 수 있는 간판도 없는 사람은 눈에 띄기 어렵다는 게 보였습니다. 저 스스로는 그다지 가치를 부여하지 않는 학력이니 외국어 시험 점수니 하는 간판이 한 사람에 대한 실질적인 평가가 되어버리는 것이 겁나기도 했습니다. 젊었던 저로서는 무의미한 호의를 베풀지 않는 세계에서 정당하게 평가받고 싶다는 생각도 했습니다.

회사의 큰 몸집에 따르는 둔중함도 싫었습니다. 소위 대기업병이 만연했습니다. 모두가 마치 남의 일처럼 말을 하고, 의욕이 없는 고참도 많고, 회의록도 적지 않은 회의를 끝없이 하고, '커다란 조직은 그저 조직을 유지하는 데에도 엄청난 비용이 드는구나' 하고 생각했습니다.

실제로 많은 수의 사람이 정보와 생각을 공유하는 일은 간단하지 않습니다. 속도가 중요한 시대에는 커다란 조직이 아니라 독립된 개인의 자유로운 네트워크가 중요하지 않을까 생각했습니다.

업무는 재미있었지만 회사원으로서의 입장이나 일하는 방식에 대한 불만을 떨쳐버릴 수 없었습니다. 그런 상황에서 점차 마음이 회사를 떠나 그저 주어진 일만 처리하면 된다는 지경까지 가버렸습니다. 어느새인가 관심이 취미 활동으로 옮아갔습니다. 당시 열중하던 야외 활동과 그에 관련된 환경보호 운동, 민속학 등에 점점 마음을 빼앗겼습니다. 그리고 농업과의 만남이 기다리고 있었습니다.

인간다움을 찾아 나서다

야외 활동에 빠져 있던 저는 이곳저곳으로 가서 캠핑을 하거나 강에서 하는 놀이를 즐겼습니다. 도시에서 벗어나는 것도 목적이었습니다. 오사카는 도쿄와 비교해도 삭막한 도시입니다. 도쿄에 살던 학생 시절에는 별로 의식하지 못했지만 사회인이 되고 오사카로 와서는 너무 많은 빌딩 탓에 좁게만 보이는 도시 하늘에 압박감을 느꼈습니다. 제가 살던 도요나카豊中 시는 교통이 편리한 곳이었기 때문에 주말이 되면 아침부터 차에 텐트를 싣고 교토京都, 나라奈良, 와카야마和歌山, 효고兵庫, 기후岐阜, 때로는 주시코쿠中四国까지 산으로 바다로 놀러 다녔습니다.

　특별히 뭔가를 한 것은 아닙니다. 자연을 산책하다 밤이 되면 모닥불을 피우고 밥을 짓고 술을 마시고 텐트에서 잘 뿐. 고등학생 무렵부터 읽었던 시이나 마코토椎名誠. 기행문학으로 유명한 일본의 작가와 노다 도모스케野田知佑. 세계 각지의 강을 카누로 여행한 일본의 작가의 세계였습니다.

여행지에서 만난 사람을 통해 나가라 강 하구둑 반대운동_{일본 중}
부에 있는 나가라 강長良川에 하구둑을 건설하는 일을 막으려 한 환경운동을 하는 사람
들의 토론회 등에도 얼굴을 내밀었습니다. 시위에 참가한 적도 있
습니다. 활동 내용 그 자체에 찬성했던 것은 물론 참여하고 있는
사람들에게도 매료되었습니다. 사회에 속박되지 않고, 돈이 없더
라도 살아가는 꿋꿋함. 이렇게 자유로운 삶도 있구나 싶어 신선한
충격을 받았습니다.

'자유란 무엇일까?'

그 무렵 애타게 생각했던 주제입니다. 자유에는 속박으로부터
의 해방이라는 뜻도 있습니다. 하지만 제게 중요한 것은 자신의
뜻대로 행동한다는 의미의 자유였습니다. 저는 학교를 나와 평범
하게 취직을 한 사람입니다. 활동가로서의 자유로운 삶에 대해선
생각한 적도 없었습니다. 넥타이를 매고 상대에게 맞춰 대화를 나
누는 것이 답답하기는 했지만, 깔려 있는 레일 위를 살아가는 것
자체에는 의문을 품지 않았습니다. 불만이야 있을지언정 무의식
적으로 틀에 박힌 안정적인 삶을 선택했다고 생각합니다. 나가라
강에서 알게 된 사람들은 그런 틀을 싫어했고, 힘들지만 자유로운
삶을 살고 있었습니다. 그것이 너무나 부러웠습니다.

'시골에서 사는 것도 나쁘지 않겠구나.'

그런 생각을 하던 차에 '시골 생활을 위한 책'이라는 제목의 책
을 손에 넣었습니다. 책에는 시골로 이주한 사람들의 사례와 매력

적인 핵심어가 즐비하게 나열되어 있었습니다.

자연 속에서 되찾는 인간다움
자신을 위해 쓰는 자유로운 시간
부족하지만 넉넉한 생활
환경 파괴에 가담하지 않는 삶

이게 바로 내가 찾고 있던 것일지도 모른다고 생각하니 가슴이 뛰었습니다.

제가 직장 생활을 한 것은 1994년부터 1998년까지였습니다. 거품경제가 붕괴하여 장기 불황이 시작될 것이라는데도 사람들이 그로부터 눈을 돌리고 있던 시대입니다. 한신아와지阪神淡路대지진 1995년 1월, 일본 중부 지방에서 발생한 지진, 도쿄 지하철 사린 사건 1995년 3월, 옴 진리교가 도쿄 지하철역에 독가스인 사린을 살포한 사건이 발생하고 지구의 환경 문제는 점점 심각해져 오갈 데 없는 답답함이 세상을 덮어갔습니다. 취직 활동이라는 게임을 거쳐 회사에 들어가기는 했지만 '이 대로 평생 이 삶을 계속할 수 있을까' 하는 생각을 점차 떨쳐버릴 수 없었습니다. 아무런 의문도 없이 20대를 즐기는 또래의 회사원들에게 차가운 시선을 보내며 이 세계에는 물들지 않겠다고 품은 반발심이 시골 생활에 대한 동경으로 나타난 게 아니었을까요. 좋게 말하면 새로운 삶의 방식의 모색, 나쁘게 말하면 현실 도피입니다.

남들이 다 하는 것을 하고 싶진 않기도 했습니다. 어릴 때부터 주변 사람들과 잘 어울리지 못했기 때문에 학교에서 다들 똑같이 살아야 한다고 무언의 압박을 주는 것이 싫었습니다. 속박당하기 싫다는 순수한 생각과 다른 사람과 같은 일은 하고 싶지 않다는 치기, 두 측면이 있었습니다. '남들은 하지 않는 시골 생활이라니, 얼마나 멋질까'라는 식의 유치한 허영심이 있었던 것은 틀림없습니다.

유기농과 만나다

이 무렵부터 농부를 직업으로 의식하고 정보를 모으기 시작했습니다. 시골 생활을 꿈꾸는 많은 사람들이 이미 농업에 종사하고 있었습니다. 당시1996년 무렵는 아직 인터넷도 많이 보급되지 않았던 때입니다. 집에서도 접속할 수는 있었지만 아날로그 방식의 전화 회선을 이용해야 했습니다. 게다가 얻을 수 있는 정보도 한정되어 있고 그다지 실용적이지도 않아서 행정 창구 등에서 부지런히 자료를 모았습니다. 하지만 모으기만 할 뿐 제대로 읽지는 않았고, 내용을 진지하게 검토하지도 않았습니다.

주변 친구들에게도 시골 생활에 대한 동경을 솔직히 이야기했습니다. 지금 생각하면 월급쟁이가 선술집에서 내뱉는 '이딴 회사, 당장이라도 그만둬버리겠어!' 같은 푸념과 다를 바 없습니다. 다들 웃으면서 듣기만 할 뿐이었습니다.

얼마 뒤부터는 주말이나 긴 연휴 등을 이용해 영농 체험 프로그램 등에 참가하게 되었습니다. 오사카 인근에 살고 있기도 해서 주로 주고쿠中国나 시코쿠四国, 규슈九州의 프로그램에 참가했습니다. 체험 행사라고 해도 결국 목적은 정착을 촉진시켜 이주자를 늘리는 것이기 때문에 참가자는 고객 대접을 받았습니다. 극진하게 대접하는 팜스테이며 영농 학습회 덕분에 갈 때마다 너무 기분이 좋았습니다.

그런 가운데 우연히 유기농을 접하게 되었습니다. 닥치는 대로 책을 읽다가 학생 시절부터 관심을 가지고 있었던 환경 문제가 농업과 깊이 연관되어 있음을 깨달았습니다. 먼 세계의 일이라고 생각했던 환경 문제가 생계, 먹거리 등의 문제와 직결되어 있음을 알자 마음이 들뜨기 시작했습니다. 의미 있는 일을 하고 싶다는 생각과 농업에 대한 동경이 점차 뚜렷해졌습니다. 영농 체험에 가서는 농가 사람들이나 다른 참가자들에게 그런 꿈을 이야기했습니다. '나는 진리에 눈을 떴다. 도시 생활에 의문도 품지 못하는 사람들은 바보다'라고까지도 생각했습니다. 지금의 저라면 거리를 두고 싶어 할 성가신 놈이었던 겁니다.

그렇지만 공공기관이 권하는 사업 계획 책정과 같은 구체적인 준비 작업에는 마음이 내키지 않았습니다. 돈에 대해서는 관심이 없었기 때문입니다. 취농 상담을 하러 가도 담당자는 "어떤 작물을 재배하려고 합니까?", "목표 수입은 어느 정도입니까?" 같은 말만 했습니다. 저 역시 "해보지 않고서는 모르겠습니다. 그저 농업을 시작하고 싶은 겁니다"라고만 말하니 진전이 없었습니다.

그러던 중 유기농을 업으로 삼게끔 부추긴 사건이 두 가지 있었습니다. 하나는 시마네島根 현 야스기安来 시에서 선배 농부에게 한소리 들은 일입니다. 야스기 시는 시마네 현과 돗토리鳥取 현의 경계에 있는 작은 도시로, 마음에 들어 여러 번 들렀던 곳입니다. 야스기부시安来節. 춤을 동반한 야스기 시의 민요로 유명하고, 과거에는 골풀무불을 피우기 위해 바람을 일으키는 기구의 일종를 이용한 제철이 번창했던 역사적인 지역이라 애니메이션《모노노케 히메もののけ姫》의 배경 지역으로 등장하기도 했습니다. 현과 시가 연계하여 열심히 취농을 지원하고 있어서 도시에서 이주하여 농업을 시작한 사람들이 많았습니다. 이주한 사람들과 이야기를 나누던 중 제가 월급쟁이는 그저 허울일 뿐이고 주말에 야외 활동이며 농업 공부를 하는 것이진짜 나라며 우쭐대자 한 분이 작은 소리로 중얼거렸습니다.

"20대에 주말이 기다려지면 볼 장 다 본 건데."

막 그 말을 들었을 때는 '에이, 한 소리 들었네'라고만 생각했습니다. 하지만 나중에야 이 말이 주먹으로 한 방 맞은 듯한 충격을주었습니다.

나는 결국 농업에 대한 동경으로 일상의 불만을 잠재우고 있는것은 아닐까. 그러니 당연히 지금의 삶에 만족할 턱이 없다. 솔직한 속마음은 인생의 주제가 될 만한 일을 업으로 삼아 주위에 떳떳이 자랑하고 싶은 거다. 농업을 동경 차원에서 떠드는 건 복권에 당첨되면 회사 따위는 그만두겠다고 하는 주정꾼의 잠꼬대와 마찬가지다. 최악의 사태를 감수하고라도 인생을 결정할 각오가 없는 것은 아닐까. 그런 생각에서 벗어날 수 없게 되었습니다.

제대로 돈 되는 농사를 지으라고?

또 하나의 사건은 가고시마鹿兒島 현에서 일어났습니다. 가고시마 현은 아주 마음에 들었던 곳이라 실은 취농 희망지로 일순위에 두고 있었습니다. 그중에서도 현을 통해 영농 체험을 한 아이라姶良 정지금은 아이라 시의 가고시마유기생산조합에 깊은 감명을 받아서, 여기서 일하면 어떨까 생각한 적도 있었습니다.

아이라에서의 영농 체험을 마치고 유기농에 대한 열정을 담은 보고서를 현에 보낸 뒤 다음 체험을 기다리고 있던 때의 일입니다. 의기양양하게 현의 취농 담당자에게 전화를 걸자 그 즉시 제 보고서에 문제가 있다는 소릴 들었습니다.

"우리가 원하는 것은 지역의 지도자가 될 만한 사람, 돈이 되는 농업을 확실히 할 수 있는 사람입니다. 유기농처럼 취미로 하는 농사를 꿈꾸는 사람은 필요 없습니다."

그럼 어떤 농사면 되냐고 묻자 "지역에서 특산품으로 밀고 있는 피망을 재배하세요. 2000만 엔까지 낮은 이자로 융자해드리겠습니다. 안정적으로 돈을 벌 수 있으니까"라는 답이 돌아왔습니다. 그럼 왜 유기농 농가에서 하는 체험을 소개했냐고 묻자 "유기농을 단념하게 하려고 그랬습니다"라고 했습니다.

제 꿈만이 아니라 신세를 진 분들도 비난당하는 것 같아 너무 충격적이었습니다. 공중전화에서 100엔짜리 동전을 잔뜩 쌓아두고 전화를 했는데 왜 이런 설교를 들어야 하냐며 화를 내고 전화를 끊었습니다. 하지만 나눈 이야기를 곱씹어보니 여러 가지 논점이 보이기 시작했습니다.

하나는 '안정적으로 돈을 벌 수 있다고 할 정도면 왜 농부의 자녀들이 농사를 이어받지 않을까' 하는 의문이었습니다. 환경이 변화하는 가운데 큰 설비 투자를 해서 한 작물을 계속 재배하는 일이 사업으로서 안전할 리는 없습니다. 당장 반론할 수 있는 자료는 없지만 스스로 하고자 하는 것이 일반적인 농업과 얼마나 다른지는 알아둬야겠다고 생각했습니다.

냉정하게 다시 생각해보면 당시의 유기농은 다른 사람들이 보기엔 엄청난 이단이었습니다. 사회 운동의 측면을 중시한 유기농 종사자들은 근대 농업 그 자체에 아주 비판적이었습니다. 특산물에 대한 재검토와 개선 등을 통해 일찍이 산지 활성화에 몰두하여 농업 중심 현으로 자리 잡은 가고시마 현의 행정 담당자가 아무런 경험도 없는 애송이가 잘난 체 떠드는 유기농업론을 불쾌하게 생각한 것은 당연했습니다. 성공할 리 없다고 생각한 것도 이상하지 않았습니다.

또 하나는 유기농을 하면 정말로 돈을 벌 수 없느냐는 점이었습니다. 분명 당시의 유기농 종사자 사이에는 돈 이야기를 꺼리는 분위기가 있었습니다. 저 역시 마찬가지여서 '돈 같은 건 나중에 따라오기 마련이다. 중요한 것은 꿈이다'라고 할 뿐 돈 이야기를 회피했습니다. 하지만 먹고살지 못하면 배가 고파 꿈을 꿀 수도 없습니다.

더구나 정부가 관여하지 않는 분야에 도전하고자 하는 것입니다. '일로 확실히 자리를 잡지 못하면 사회에서 인정받을 수 없구나' 하고 생각했습니다. 이것이야말로 회사의 배속 면접에서 인사과장님이 말씀하신 "하고 싶은 일을 하려면 먼저 자네 편을 늘려야 해"라는 말대로가 아닌가 싶어서 커다란 과제를 떠맡은 느낌이었습니다.

정말 농업을 하고 싶었던 걸까

하지만 그 무렵에는 사업상의 야심을 품고 있지 않았습니다. 잘 설명하기는 힘들지만 '정말로 농업을 하고 싶다. 그 앞에 기다리고 있는 성공은 세상 많은 사람들이 말하는 성공과는 뭔가 다르다' 정도로만 생각했습니다. 당시 저는 《지구교향곡 제3번》이라는 영화를 보고 큰 감명을 받았었는데, 특히 호시노 미치오星野道夫, 일본의 자연 사진작가가 한 "Personal Definition of Success인생의 성패에 대한 개인적인 정의"라는 말에 강하게 이끌렸습니다.

말하자면 빌과 그 부인 낸시처럼 소박한 삶을 꾸려가고 있는 노부부를 나는 본 적이 없다. 결혼을 하면 수도가 있는 생활을 하고 싶다는 이야기를 지금도 흔히 들을 수 있는 이 마을에서도 일흔이 넘도록 수도도 없이 생활하고 있는 것은 빌 부부 정도일 것이다. 어디에서 물을 길어 올까. 부엌에는 작은 물통이 소중하게 놓여 있다. 겨우 25제곱미터 정도인 집 안을 둘러봐도 인간이 이 정도로 아무것도 가지지 않고도 괜찮다고 빌의 삶은 말을 붙여온다. 달리 말하면 인생을 살아가는 몸의 가벼움이다. 그렇다. 누군가 "Personal Definition of Success"라는 말을 썼다. 극히 개인적인, 사회의 척도로부터 가장 먼 곳에 있는 인생의 성패, 그 존재를 빌은 우리에게 살며시 일러주고 있는지도 모른다.

– 호시노 미치오, 《여행하는 나무旅をする木》에서

구체적인 사업 계획은 없고 기술도 전혀 배우지 않았습니다. 상식적으로 생각하면 농업을 시작할 수 있을 리 만무합니다.

얼마 전 직원이 물었습니다.

"지금의 사장님이 취농하려던 당시의 사장님을 만난다면 어떻게 할까요?"

만약 당시의 제가 지금의 저에게 제자로 받아달라고 청한다면 문전박대할 것입니다. 입만 살았을 뿐 행동을 하지 않으니까요. 너한테는 무리니까 포기하라고 말할 것입니다.

그렇다면 포기하라는 말을 들은 당시의 저는 어떻게 할까요? 전혀 말을 듣지 않을 겁니다. 저에겐 이미 발동이 걸린 후에는 많은 사람들을 적으로 돌릴지언정 그만두지 않는 완고함이 있습니다. 남들이 반대할수록 고집을 부려 밀어붙이고 맙니다. 뭔가에

씌면 파멸적인 행동까지 서슴지 않습니다. 그 무렵에는 특히 그랬습니다. 좋고 나쁘다는 것이 아니라 그냥 타고나길 그렇게 태어난 것입니다. 몸속에서 끓어오르는 이유 없는 열정이 최후의 추진력입니다.

냉정하게 되돌아보면 당시의 선망 대상은 그저 시골 생활이었습니다. 환경에 대한 문제의식, 현대문명에 대한 의문, 도시에 대한 혐오, 소박한 삶의 추구, 학력이 통용되지 않는 공정한 세계에 대한 동경. 그런 안개 같은 아련한 동경에 실체를 부여한 것이 유기농이었습니다. 엄밀히 말하면 농업은 그저 핑계거리였습니다. 그저 시골에서 살고 싶다고 말하면 나쁜 소릴 듣겠지만 농업이라는 커다란 주제를 내세우면 주위 사람도 납득할 것이다. 무의식적으로 그런 계산도 있었을지 모릅니다. 애매한 꿈과 현실에 대한 인식 부족을 숨기고 이론적으로 무장하기 위해 농업을 이용한 셈입니다. 부족한 부분은 그대로 두면 되지만 당시의 저에겐 그런 강인함이 없었고 할 말도 없었습니다.

노다 도모스케가 쓴 《신 방랑기新 · 放浪記》에 젊은 날의 지은이가 여자 친구의 가족을 만나러 가는 장면이 있습니다. 들떠 있는 젊은이에게 가족은 차가운 시선을 보내기만 할 뿐. 특기를 묻기에 "지금의 나라면 물고기를 손으로 잡는 것과 무전여행이라고 당당히 답하겠지만 그 무렵의 나는 순진했다. 그래서 열심히 생각한 끝에 아무것도 없다고 답했다"라고 회고합니다.

저는 아무것도 없다고 답할 용기가 없었습니다. 그래서 그때 제가 가진 지식이나 말로 이야기할 수 있는 범위에서 억지로 농업이라는 틀을 만들어 주변을 설득하려 했습니다. 자기가 하는 말에 빠져서 본래의 꿈이 무엇인지 착각했는지도 모릅니다.

이런 식으로 자신의 솔직한 꿈과 제대로 마주하지 못한 채 취농에 대한 마음만 앞서갔습니다.

눈앞의 상황 때문에 꿈을 꺾지 마라

1998년 2월 이바라키茨城 현이 주최한 영농법인합동설명회에서 이후 연수를 받게 될 곳을 만났습니다. 이바라키 현은 제 고향입니다. 하지만 이바라키의 농업에 그다지 좋은 인상을 가지고 있지 않았을 뿐더러 부모님이 취농을 반대한 일도 있어서 고향에서 농사를 짓는 것은 생각지 않았습니다. 이따금 현의 담당자가 "이야기만 들어도 좋습니다"라고 안내를 해서 이것도 무슨 인연이 아닐까 생각하며 이바라키로 향했습니다.

회의장에서 신규 취농 사례가 소개된 뒤 구인 창구를 마련한 영농법인과의 면접이 진행되었습니다. 대부분 흥미가 생기지 않았지만 그중 한 회사에 잠시 눈이 멈췄습니다. 도시에서 이주해온, 농가 출신이 아닌 젊은 사람 몇 명이 직원으로 일하고 있었는데 농사꾼 같지 않은 점이 인상적이었습니다. 책임자도 서른 살의 젊은 신규 취농자. 한눈에 봐도 일을 잘하는 느낌이 드는 사람이었습니다.

그는 저에게 "도시에서 실패해서 농사나 해볼까 하는 사람은 원하지 않습니다. 그쪽은 우리하고 맞겠는데요"라고 했습니다. 농사꾼 특유의 축 처진 분위기가 없어서 저도 호감을 가졌습니다. 또한 이 영농법인은 유기농 농산물 생산뿐만 아니라 매입과 판매도 하고 있었습니다. 판매처도 커다란 유통 기업에서 개인 소비자에 이르기까지 폭이 넓어서 배울 게 많겠다고 생각했습니다. 농작물 재배뿐만 아니라 사무 업무도 해줬으면 좋겠다는 말도 들어서, 직장 생활 경험도 살릴 수 있으니 여기라면 잘해볼 수 있겠다고 희망을 품었습니다.

솔직히 말하면 연수를 받는 동안 18만 엔이나 되는 월급을 받을 수 있다는 것도 매력적이었습니다. 이유는 두 가지였습니다. 하나는 모아둔 돈이 얼마 없으니 연수를 받는 동안 다 까먹어버리면 내가 원하는 농업을 시작할 수 없다는 적극적인 이유였습니다. 또 하나는 월급을 받으면 혹 연수가 큰 도움이 되지 않더라도 시간을 헛되게 보내는 건 아니라는 소극적인 이유였습니다. 지금 생각하면 아무런 각오도 없었던 셈입니다.

돈은 제일 불안한 요소입니다. 그래서 받는 것보다 더 쓴 적은 없었습니다. 하지만 본래 연수는 앞으로 할 일을 생각하고 자신에 대한 투자를 하는 것입니다. 일단 돈이 들어오면 손해는 안 본다는 것은 월급쟁이의 발상입니다.

취농과 돈 문제로 말씀드리자면 2012년부터 청년 취농 급부금이라는 것이 생겼습니다. 취농 희망자에게 연간 150만 엔의 지원금을 지급하는 제도입니다. 이 제도가 생긴 탓에 많은 신규 취농 희망자가 지원금을 받는 범위 내에서 취농 계획을 세우게 되어버렸습니다. 물론 받을 수 있는 것은 받는 편이 좋지만 그 때문에 취농 장소나 방법을 제한해서야 앞뒤가 바뀐 셈입니다. 꿈을 위해 지원금이 있는 것이지 지원금을 위해 꿈이 있는 게 아닙니다. 연 150만 엔 정도의 '푼돈' 때문에 큰 목표가 흔들리는 일이 없도록 조심했으면 합니다. 저 또한 취농 당시 돈 때문에 흔들린 경험이 있어 하는 충고입니다.

다시 돌아오면 그 영농법인에 여러 번 찾아가 업무를 체험하면서 사장님, 직원들과도 이야기를 나누었습니다. 당시의 저에겐 이 단계에 이르러서도 어떤 것을 재배하고 어떻게 돈을 벌 것인지와 같은 구체적인 미래상이 없었습니다. 농업에 대해서는 하나도 모르는 주제에 환경, 먹거리, 삶의 방식과 같은 추상적인 주제만 입에 올리고 사회에 대한 불만을 쌓아가는 머리만 큰 풋내기였습니다. 보다 못해 "좋은 회사에 다니는데 아깝네요. 잘 생각해봐요"라고 말하는 직원도 있었습니다. 말로만 하는 걱정이었을 뿐 당신 따위는 현장에서 도움이 되지 않는다는 거부감이 컸으리라 생각합니다.

그런 소리를 들어도 저는 '하고 싶은 것이 구체적으로 뭔지 지금은 모르겠다. 어쨌든 시작하려고 한다', '농업은 세상을 구하는 소중한 일이다. 내가 하지 않으면 누가 하겠어?'와 같은 우쭐한 생각에 사로잡혀서 말을 들질 않았습니다.

그런 식으로 철부지처럼 행동하는 저를 가장 가까이에 있는 아내는 무슨 심정으로 지켜봤을까요. 저와 마찬가지로 환경 문제와 먹거리 등에 관심이 있는 아내와는 농업에 흥미를 가지기 시작했을 무렵부터 매일같이 이야기를 했고, 때로는 영농 체험에 함께 가기도 했습니다. 하지만 생계와 같은 현실적인 문제를 외면하고 유기농에 빠져드는 저를 보며 걱정을 많이 했으리라 생각합니다. 그래도 아내는 그런 저에게 아무런 말도 하지 않았습니다. 차분하게 지켜봤다기보다 말해도 듣지 않을 테니 포기하고 있었을 것입니다. 2년 정도 시간을 들여 이런저런 준비를 하고 마침내 회사를 그만두려 할 무렵, 아내가 한 번이기는 하지만 분명히 "더 이상 말릴 수가 없군요"라고 말한 적이 있습니다. 저는 그때서야 비로소 이 사람이 반대한다면 도저히 농업이고 뭐고 할 수 없겠다는 걸 깨달았습니다. 무서운 이야기입니다.

아내는 따로 직업이 있어서 제가 농업을 시작하고도 그 일을 계속하고 있습니다. 취농 준비를 하는 동안은 '농업을 같이 하면 어떨까' 하고 생각한 때도 있었지만 일찍이 포기하고 각자의 일을 하기로 결정했습니다. 아내는 제가 독립하고 나서 얼마 후 "이대로는 전망이 없어"라고 말하더니 큰 결심을 하여 대학원에서 다시 공부를 해 전문성을 높이는 데 성공했습니다. 지금도 쉴 새 없이 일을 계속하고 있습니다. 그 당시 억지로 설득해서 이바라키로 데리고 오긴 했지만 지금은 어떻게 생각하고 있을까요. 언젠가 기회가 있으면 물어볼 생각입니다.

회사에 다닌다는 것

결국 반대하는 주위 사람들의 목소리에는 귀를 틀어막고 무리를 해서라도 연수를 받기로 결심한 것이 1998년 6월. 데이진에 입사한 지 고작 4년 2개월 지났을 때입니다. 유럽 출장에서 돌아오자마자 상사를 회의실로 불러 생각을 전했습니다. 그러자 아무 말 없이 천장을 바라보며 잠시 침묵한 후 이렇게 말씀하셨습니다. "나는 자네가 처음 회사에 들어왔을 때부터 평생 이 회사에 있을 사람은 아니라고 생각했고 자네에게도 그렇게 말했지. 그래서 그만두는 것 자체는 놀랍지 않네. 그렇지만 생각했던 것보다 빨리, 그것도 엉뚱한 방향으로 나가서 당황스럽군."

해외 업무를 좋아하니 무역회사 쪽으로 이직하여 전문직을 노릴 것이라 생각하셨다고 합니다. 그래도 "잘 생각해서 하는 일이라면 응원하겠네"라며 전혀 말리지 않으셨습니다. 그 이후에도 업무를 조정하고 주변 사람들을 이해시키는 데 무척 신경을 써주셨습니다. 그 무렵은 제 일 때문에 힘에 부쳐 제대로 인사를 드리지 못했지만 늘 감사하게 생각합니다. 나중에 몇몇 사람들에게 "널 돌보고 길러준 윗사람 마음도 조금은 신경 쓰지 그래"라고 야단을 맞았습니다만.

그런 주변 사람들의 협력도 있고 해서 한시라도 빨리 그만두겠다는 응석이, 어쩌면 억지가 통해 네 달 후인 10월 말에 퇴사했습니다.

주위의 반응은 다양했습니다. 나이 든 분들의 의견은 '대체 왜 농업을 하려는지 모르겠다'가 대부분이었습니다. 지방 출신인 분들은 부모님이나 친척이 농부인 사람도 적지 않았습니다. 농업이 힘들다는 것을 가까이에서 봤고, 어떤 의미에서는 거기에서 벗어나려고 도시로 온 분들입니다. 그 분들이 보기엔 부모님 덕에 대학까지 나온 사람이 농업에 흥미를 가진다는 것은 이해도 되지 않을 뿐더러 인정하고도 싶지 않았을 것입니다.

'나라면 죽어도 싫다'는 분도 있었습니다. 저는 그 당시에는 농업이 시대를 선도하리라 믿었기 때문에 염두에도 두지 않았지만, 지금 생각하면 그분들은 자식 같은 나이의 젊은이가 자기가 다니는 회사를 부정하고 나가는 것을 보는 게 다소 힘들었을지 모르겠습니다.

비슷한 나이의 친구들 반응은 둘로 나뉘었습니다. 저를 잘 아는 친구들은 언젠가는 그 길로 갈 줄 알았다고 입을 모았습니다. 정말로 할 줄은 몰랐다는 사람도 있었지만 평생 회사에 있을 사람은 아니지 않냐는 의견이 대부분이었습니다.

한편 회사의 주요 부서에 있는 동료들은 찬성하지 않았습니다. "큰 회사에서 미래가 약속되어 있는데 왜 그런 무모한 길을 가려는 거야?", "너는 영어도 잘하니 출세할 게 확실한데 아깝다"라는 식의 의견에는 놀랐습니다. '이 녀석들은 겨우 스물여덟 살인데도 벌써 회사에 목숨을 걸고 있구나' 하고 말입니다.

그 무렵의 저는 전력으로 몰두할 수 있는 뭔가를 찾고 있었습니다. 반대로 말하면 회사일은 인생을 걸 만한 일이 아니라고 느꼈습니다. 내 인생은 아직 시작조차 하지 않았다고 생각했습니다. 그에 비해 불과 5년 다닌 회사에서 얼마나 요령을 잘 피울까 생각하는 사람도 있구나 싶어서 충격을 받았습니다.

지나고 보니 그 사람들이 저보다 훨씬 더 일할 각오가 서 있는 올바른 사회인이었다는 생각이 듭니다. 그들 눈에는 제가 유치한 몽상가로 비쳤음에 틀림없습니다. 그런 주변 사람들의 반응 탓에 '나는 역시 주류인 사람들과는 생각이 다른 자기중심형 인간이구나' 하고 생각했습니다.

가까운 사람 말고도 저를 신경 써준 사람들이 있어서 기분이 좋았습니다. 프랑스 거래처 회사의 기술자가 "당신의 도전은 용기 있는 행동이다"라고 생각을 전하기도 했고 몇 년 전에 이웃 부서의 과장이었던 분이 부임지인 해외에서 "앞으로 내가 잘 키워주려고 했는데"라고 굳이 전화를 해주었습니다. 큰 회사에 있다 보면 아무래도 자기가 한 개의 톱니바퀴가 된 듯한 느낌이 강해집니다. 혼자서 열심히 했다고 해서 곧바로 회사가 좋아지지도 않고, 반대로 대충대충 했다고 해서 갑자기 나빠지지도 않습니다. 하지만 현장에서는 이제 겨우 5년차인 신입사원에게 많은 사람들이 신경을 쓰고 어떤 인재로 키울지 열심히 생각하고 있습니다. 사람을 기분 좋게 만드는 동시에 몸을 옴짝달싹 못하게 만드는 환경입니다.

큰 조직에서 일할 때 제일 재미있는 것은 혼자서는 할 수 없는 큰일을 할 수 있다는 점입니다. 인맥을 만들고 실력을 더하고 친분이 두터워졌을 때에 "시켜만 주십시오!" 하고 손을 듭니다. 그리고 때가 무르익기를 가만히 기다렸다가 단숨에 덤벼듭니다. 조직은 그러라고 준비된 무대입니다. 회사 생활을 4년 반밖에 하지 않은 저도 요즘 그런 사람을 보면 솔직히 대단하다 싶습니다. '내가 그렇게 살 수 있었을까' 하고 되돌아보면 너무나 보잘것없습니다. 그때까지 기다릴 수 없었을 거다. 스물여덟 살의 나는 회사를 부정하기만 하고 앞으로 나아갔다. 회사가 싫어서가 아니라 그 무대를 살릴 수 있을 때까지 기다리지 못했을 뿐이다. 이런 생각이 지금에야 마구 밀려듭니다.

회사를 떠날 때 신세를 진 모든 사람에게 다음과 같은 뜻을 전했습니다.

"제가 4년 반 만에 이 회사를 그만두니 회사의 입장에서 보면 투자한 만큼 회수를 하지 못했을 것입니다. 그렇지만 배운 것을 활용해 이제부터 하려는 일을 성공시키고 사회에 환원하는 것이야말로 여러분에 대한 보은이라고 믿습니다."

엉뚱한 변명이기는 하지만 지금도 그렇게 생각합니다. 인간이 덜 된 탓에 사람을 고용하는 입장이 된 지금도 퇴직하는 직원에게 '배울 만큼 배우더니 도망치는 거야?'라고 생각하는 경우도 있습니다. 하지만 좀 더 크게 보면, 모두들 배운 것을 되씹어 자기 것으로 만들었다가 다른 장소에서 다른 형태로 다른 사람에게 넘기는 식의 릴레이가 이어지면 세상이 조금씩 풍요로워지리라 생각합니다. 제가 짧은 회사 생활을 통해 얻은 배움의 핵심입니다.

아무런 불안감도 없이 회사를 그만둔 것은 아닙니다. 막판에 갈피를 잡지 못하는 제 등을 마지막으로 떠민 분이 대학 은사이신 경제학자 호소다 에이지細田衛士 선생님입니다.

좋을 때도 있고 힘들 때도 있다

대학 세미나 수업에서 선생님께 많은 것을 배웠습니다. 선생님의 지도를 받지 않았다면 이렇게 글을 쓸 수도 없었을지도 모릅니다. 세미나 수업에 지원했을 때, 지원 시험의 성적도 나빴고 태도도 좋지 않았던 저를 많은 선배들의 반대에도 불구하고 받아들여주신 것도 선생님입니다. 세미나 수업이 시시하게 끝나지 않으려면 이상한 녀석을 하나 정도 넣는 게 좋겠다는 이유였다고 합니다. 시간이 지나고서 "자네는 이상한 녀석으로는 딱이었어!"라는 말을 들었습니다. 칭찬하신 거라고 생각하고 있습니다.

졸업 후에도 큰 고민이 있으면 선생님을 뵈러 갔습니다. 농업을 시작할 때도 바쁜데도 불구하고 억지로 시간을 내주셨습니다. 잠시 잡담을 한 후 선생님이 말을 꺼내셨습니다.

"그래, 오늘은 뭔가 할 얘기가 있겠지?"

"네. 실은 선생님께 여쭙고 싶은 게 있어서…."

"음. 괜찮을 것 같은데. 찬성."

"아뇨, 아직 아무 말씀도 안 드렸는데요."

당황하는 저에게 선생님은 진지한 표정으로 말씀하셨습니다.

"그야 자네가 이미 결심하고 온 거 아닌가."

격려받길 기대하고 온 게 뻔히 드러났던 것입니다. 이미 농업에 대한 제 생각을 대충 들으셨으니 그랬겠지요.

"음. 농업이라. 자네《나쓰코의 술夏子の酒》읽어봤나?"

"아뇨, 아직 읽지 않았습니다."

"그건 읽어보는 게 좋을 거야."

받은 충고는 이것뿐입니다. 물론 오제 아키라尾瀬あきら의《나쓰코의 술》은 그 후 곧바로 전부 다 읽었습니다. 지금도 좋아하는 작품입니다.

이때 선생님에게 "학생 때부터 쭉 연구의 길로 나아가는 데 망설임은 없으셨습니까?"라는 질문도 했습니다.

"물론 망설임은 있었지. 학자도 대학원에 있었을 때, 강사였을 때, 조교수였을 때의 동기 부여는 전혀 달라. 같은 연구자라 하더라도 생각은 다르기 마련이지.

공적인 면에서도 사적인 면에서도 순탄하지만은 않아. 좋을 때도 힘들 때도 반드시 있다네. 그렇지만 어떤 때든 반드시 지켜봐 주는 사람이 있지. 그런 사람은 힘들 때에 손을 내밀지 않아. 밑바닥에서 겨우 기어올라왔을 때 비로소 말을 걸어준다네. 그러니까 일이 잘 안 풀릴 때도 결코 포기해서는 안 되네."

그때는 그저 막연히 들었을 뿐입니다. 하지만 지금은 가슴으로 실감하고 이해하고 있습니다. 지금부터 뭔가를 시작하려는 사람,

일이 잘 풀리지 않아 고민하고 있는 사람에게 구체적으로 해줄 수 있는 것은 거의 없습니다. 노력은 반드시 보답을 받는다는 거짓말이야 얼마든지 할 수 있지만 공허할 뿐입니다.

하지만 경험을 통해 확실히 말씀드릴 수 있는 것은 좋을 때도 힘들 때도 있다는 사실. 포기하지 말고 계속해보라는 말씀은 드릴 수 있습니다.

뭔가를 시작하려고 생각하는데 격려를 해주는 사람이 없는 분들에게 도움이 될 이야기를 하나 소개하겠습니다. 비영리법인인 플로렌스의 고마자키 히로키駒崎弘樹 대표가 블로그에 쓴 이야기입니다. 미국 듀크대학의 캐시 데이빗슨Cathy Davidson의 연구에 따르면 2011년도에 미국 초등학교에 입학한 아동 65퍼센트가 대학을 졸업한 뒤 지금 시점에는 존재하지 않는 직업에 종사한다고 합니다. 실제로 20년 전에 스마트폰 앱 개발 업무는 없었고 크라우드펀딩 업무도 없었습니다. 그러니 만약 당신이 새로운 일을 시작하려고 할 때 부모님이나 선생님이 반대하더라도 꼭 들을 필요는 없습니다. 이렇게 반론하면 됩니다. "당신이 권하는 안정된 일은 20년 전에는 없었고 20년 후에는 사라져버릴 지도 모릅니다."

연수처의 천덕꾸러기로 전락하다

퇴직하고 곧바로 이바라키 본가로 이사를 하고 집을 찾았습니다. 제일 집세가 싼 곳을 찾았지만 그리 만만치는 않았습니다. 게다가 월급쟁이에서 벗어난 사람은 퇴사한 다음 해가 재정적으로 제일 힘듭니다. 대부분의 경우 회사원 시절보다 수입은 줄고 세금과 사회보험료는 늘어나기 때문입니다. 대기업 사원의 프린지 베너핏 fringe benefit. 임금 이외의 경제적 이익이 얼마나 큰지를 통감했습니다. 숨을 쉬고 있기만 해도 빠져나가는 돈의 무게를 회사원 시절에는 의식하지 못했습니다.

그래도 아내가 직원으로 근무하게 된 대학과 제가 연수를 받을 영농법인의 중간 지점에 빌린 목조 주택은 작지만 편했습니다. 친절한 집주인과 이웃 덕분에 중고 소형 트럭도 구입했습니다. 마침내 영농 연수가 시작되었습니다.

연수처 사람과는 이미 아는 사이라서 입사했다곤 해도 인사도 하는 둥 마는 둥 하고 업무를 시작했습니다. 밭과 창고를 쭉 안내받은 다음 처음으로 하게 된 일은 팰릿에 쌓인 서른 상자 정도의 호박을 지게차를 이용해 비탈 아래로 옮기는 일이었습니다.

"죄송합니다. 지게차는 운전한 적이 없어서….."

"예?"

농사짓는 사람 입장에서 보면 농부 지망생이 지게차를 몰 줄도 모른다는 건 마치 IT기업에 입사한 신입사원이 마우스를 만진 적이 없는 것과 마찬가지입니다. 사장님은 곤란하다는 표정을 지으시더니 하는 수 없이 설명회에서 저와 죽이 맞았던 그 선배에게 조작법을 알려주라고 지시하셨습니다.

대강 지도를 받고 일단은 도전했습니다. 지게차 포크를 팰릿에 넣고 가볍게 들어 올려 비탈로 접어들었는데 지게차가 쓰러질 것 같아 무심코 급브레이크를 밟았습니다. 그 순간 균형이 무너져 호박 상자가 전부 뒤집혔습니다. 30도 정도 경사가 있는 비탈을 통통 튀면서 굴러 내려가는 백 개가 넘는 호박. 황급히 비탈을 내려가 보자 대부분 산산조각 나 있었습니다.

잠시 그 자리에서 멍하니 있다가 보고를 하려고 사무실로 터벅터벅 걸어갔습니다. 담배 연기를 길게 뿜은 사장님이 굳은 표정으로 "이게 수박이었으면 해고였어"라고 말씀하셨습니다.

모두의 도움을 받아 정리하고 있자니 미안함과 분통이 솟구쳤습니다. 지금껏 내가 몸에 익혀온 것이 농업 현장에서는 전혀 도움이 되지 않는다. 깨진 호박에게 추궁을 당하고 있는 느낌이었습니다. '야, 넌 대체 지금까지 뭐하고 산 거냐'라고 통통 튀면서 비탈을 굴러가는 호박의 모습은 지금도 슬로모션으로 뇌리에 새겨져 있습니다.

연수처는 1980년대 후반부터 1990년대 전반에 걸친, 소위 2차 유기농 붐 때에 유기농을 시작한 농가였습니다. 제가 연수를 받은 것은 법인화된 지 아직 몇 년 안 되었을 때입니다. 시장에 점차 유기농 농산물이 알려지고 있었고 안정적 공급과 표준화 체계를 수립해야 할 시점이었습니다. 연수처도 그 흐름을 따라 주된 판매처를 개인 택배와 소규모 자연식품점에서 유기농 농산물 전문 유통회사나 대기업 슈퍼마켓을 대상으로 한 도매로 한창 이행하는 중이었습니다. 자사 농장의 재배 면적을 확대하고 계약 농가를 늘리고 생산 공정 관리를 충실하게 하는 등 일반적인 농가에서 기업으로 탈피하기 위해 한창 애를 쓰는 중이었습니다.

때문에 연수처에는 아직 가업적인 성격도 남아 있어서 한동안은 농업에 푹 빠질 수 있었습니다. 하지만 점차 밭은 밭 전문 팀이 맡고 배달은 배달 전문 팀이 맡는 식으로 분업이 이루어졌습니다. 회사원 시절에 상상했던 유기농 연수는 농가에 더부살이하면서 해가 뜰 때부터 해가 질 때까지 밭에서 땀을 흘리고 밤에는 맛있는 유기농 채소에 입맛을 다시며 술잔을 주고받는 그런 것이었습니다.

그런데 실제로는 사무실에서 전표를 쓰거나 서류를 작성하고 거래처와 출하량을 조정하는 업무를 하며 하루의 절반을 보냈습니다. 분업 시스템이 자리를 잡아가면서 어쩌다 보니 업무 시간 대부분을 사무실에서 보내게 되었습니다. 좀 더 농사일을 하고 싶다고 말을 해도 밭일은 사람이 넘친다고 할 뿐이었습니다. 농부로는 실격이라는 낙인이 찍혀 있었습니다.

저는 말 그대로 미경험자였기 때문에 밭에서는 천덕꾸러기였습니다. 괭이를 쓰면 자세가 구부정하다고 놀림을 받았고 김매는 속도도 남들을 따라가지 못했습니다. 수확 일을 해도 어설프다는 소리를 들었습니다. 유채나 시금치 등 잎채소는 밭에서 낫을 써서 수확한 것을 작업장으로 가져가 밑줄기 잎을 따서 깔끔하게 만드는 조정 작업을 거친 뒤 비닐 봉투에 넣습니다. 수확한 사람이 서투르면 뿌리에 흙이 남기도 하고 상품이 지저분하기도 해서 조정 작업이 힘들어집니다. 시간제로 일하는 아주머니들이 조정 작업 중에 "이거 누가 수확한 거야? 작업하기 힘들잖아!"라고 몇 시간이고 계속 말하면 참으로 괴롭습니다. '다음에는 잘해야지' 하고 분발해서 조금씩 솜씨가 늘기는 했습니다만 감도 근성도 없는 저는 아무리 해도 평범한 사람보다도 뒤떨어질 수밖에 없었습니다.

그런 상황이 계속되자 사장님의 말도 점점 강도를 더했습니다. "머리가 좋으니까 제대로 배우라고!"라는 말도 들었습니다. 일을 제대로 못해서 야단을 맞는 것은 당연합니다. 그보다도 '나는 원래 농사일에 맞지 않는 사람인 건 아닐까?' 하는 불안감이 머리를 스쳐갔습니다. 적성이 맞지 않는 것 아니냐고 했던 누군가의 의견이 정확한 것이었을까 싶어 후회가 밀려왔습니다.

사람 사이에서 배우다

스스로는 최소한의 작업은 하고 있다고 생각했습니다. 하지만 저는 사무 업무도 맡고 있어서 현장에 나갈 때도 있고 나가지 않을 때도 있었습니다. 농장주 입장에서는 다루기 힘들고 한 사람 몫으로 쳐주기도 어려운 존재였습니다. 사무 업무는 시간 외에 할 테니 낮에는 밭에 나가게 해달라고 부탁도 했지만 좀처럼 뜻대로 되지 않았습니다.

그러던 중 사무 업무 쪽을 도맡아 하던 선배가 그만두게 되었습니다. 그 일까지 물려받은 뒤로는 사무 업무가 한층 바빠져서 제

멋대로 굴 수도 없게 되었습니다. 처음에 머리에 그렸던 연수와는 상당히 달라져버렸습니다. 물론 엄밀히 따지면 사무 업무도 나름대로 공부가 되었습니다. 취농 전에는 작물을 키우는 일에만 관심을 쏟고 있었기에 유기농 농산물 유통 전체를 볼 수 있었던 것은 뜻밖의 수확이었습니다.

연수처는 유기농 운동의 핵심 사상에 동감하기보다는 사업으로서의 유망성에 끌려 참여한 곳이었습니다. 그만큼 시대의 흐름을 읽고 필요한 대책을 마련하는 감은 뛰어났습니다. 너무 힘들다는 말이 늘 따라붙는 시골에 도시의 젊은이를 끌어와 사업을 확대하는 것은 쉬운 일이 아닙니다. 또한 그 일을 대외적으로 알리는 것도 만만치 않은 일입니다.

사람들과의 커뮤니케이션도 훌륭했습니다. 거래처와의 흥정, 계약 생산자를 장악하는 기술 등은 옆에서 보고 있으면 배울 부분이 많았습니다. 저는 지금도 엄두도 내지 못하는 일인 급료 인하 교섭에도 너무나 능숙했다는 것을 덧붙입니다.

거래량이 늘어가면 자사 생산물로 전부를 조달하는 것은 힘듭니다. 계약 생산자 조직을 어떻게 만들고 어떻게 묶을지가 규모 확대의 핵심입니다. 계약 생산자들은 모두 개성이 넘쳤습니다. 재배를 잘하는 사람, 서투른 사람, 이념을 중시하는 사람, 돈 때문에 움직이는 사람, 남편이 심각한 주정뱅이라 부인이 돈을 가불 받으러 오는 사람. 규모도 유형도 다양하지만 모두 어엿한 한 농장의 주인이었습니다. 계약을 하고 있다고는 해도 연수처와는 상하관계가 아니라 동등한 관계였습니다.

시장 시세가 이쪽 매입 가격보다도 높을 때는 흉작이라고 거짓말을 해서 시장에 빼돌리는 사람도 있었습니다. 설령 속이 빤히 보이더라도 강제로 작물을 가져올 수는 없었습니다. 반대로 수확량이 너무 많을 때는 연수처 측도 우물쩍 매입량을 줄이려고 했습니다. 별 상관도 없는 세상 이야기를 하면서 서로 속셈을 떠보는 모습을 흥미롭게 바라보았습니다.

흥정 상대는 계약 생산자만이 아니었습니다. 예를 들면 대기업 패밀리레스토랑을 대상으로 한 가공 채소 등은 중간업자가 기일에 맞춰 납품하도록 빈틈없이 계약을 해야 했습니다. 어떤 일이 있어도 모레에는 납품을 해달라고 애원하는 업자. 날씨가 좋지 않아 아무것도 수확하지 못했다고 큰소리치는 계약 생산자. 전화를 받고는 안절부절못하는 저에게 사장님은 이렇게 지시했습니다. "시치미 뚝 떼!"

물론 회사원 시절에는 자릿수가 네댓 자리는 더 큰 거래를 했습니다. 물건을 보낼 수 없는 상황에서 홀로 해외 거래처에서 곤혹을 치른 쓰라린 경험도 있습니다. 그렇지만 결국은 월급쟁이의 일입니다. 생계가 걸려 있는 농업 현장의 교섭은 그것과는 비교가 되지 않을 정도로 박력이 넘쳤습니다.

그렇지만 산전수전을 다 겪은 농가와의 교섭은 꿈을 좇는 순수한 젊은이에게는 힘든 임무였습니다. 사장님에게는 머리를 숙이던 사람도 저와는 상대를 해주지 않았습니다. 심지어 밭으로 찾아가도 눈 한 번 마주치지 않는 일도 여러 번. 어느 날 사무실에서 그 일을 푸념하자 세무사 양반이 제 손을 꾹 쥐고 강한 어조로 말했습니다.

"이렇게 손이 연약한 사람이 하는 말을 농부가 들을 리 없지!"

스스로 교섭 능력이 뛰어나다고 생각했었는데, 그게 사실은 회사라는 겉껍데기 덕분이었음을 통감했습니다.

채소 생산 그 자체와 관련해서도 많은 것을 깨달았습니다. 앞서 이야기한 가공용 당근 등은 자르는 기계에 맞춰 중량, 직경 등의 규격이 엄하게 정해져 있었습니다. 대량으로 잘 팔려나가는 가공용을 염두에 두고 재배한 뒤 규격에 맞지 않는 것들을 다른 판매처로 돌렸습니다. 그래도 남았을 때는 유기농 농산물이 아니라 일반 농산물로 시장에 출하했습니다.

저에게는 이념이었던 유기농이 현장에서는 규격이었습니다. 밭은 곧 공장이었습니다. 채소 재배에 목가적인 낭만을 꿈꾸고 있었던 저로서는 크게 놀랄 일이었습니다. 동시에 큰 사업으로 나아가려면 이런 방향도 좋지만 신규 진입자들이 기존의 회사들을 이길 수 없겠다는 생각도 했습니다.

회사원 시절에 유기농 농산물 택배 서비스를 계속 이용하면서 '앞으로 나도 농사를 지어야지' 하고 마음먹었을 무렵엔 멋진 유기농 세계에 대한 제 나름의 상상의 나래를 펼쳤습니다. 하지만 막상 현장의 모습은 예상과는 너무나 달랐습니다. 화가 치미는 일도 있었지만 생생한 경험을 거듭하는 가운데 서서히 단련이 되어

갔습니다.

일을 시작하기 전까지는 유기농 말고는 다른 농업에 전혀 관심이 없었습니다. 그뿐 아니라 기존의 농업 따위는 케케묵은 잘못된 농업이라고까지 생각했습니다. 하지만 전체 농산물 시장에서 유기농이 차지하는 위치, 생산자의 사고와 기술 수준, 유통이 어떻게 움직이고 있는지 등을 눈앞에서 보자 전체 구조가 조금씩 보이기 시작했습니다.

커다란 생산 유통 시스템은 겉으로 보기에는 저절로 돌아가는 것처럼 보입니다. 하지만 현장을 돌아가게 하는 것은 살아 있는 인간입니다. 머리로만 생각하는 경향이 있는 저를 현실로 되돌려준 이 무렵의 경험이 없었다면 지금의 저는 없었을 것입니다. 연수처를 찾고 있을 때 신세를 진 고치高知 현에 사는 유기농 종사자인 오다타 유타카小田田豊 씨가 해주신 말이 기억납니다.

"사람은 사람 사이에서, 땅은 땅 사이에서."

사람도 밭도 가장자리보다는 한가운데서 비비고 있는 편이 좋다는 의미입니다. 누구든 힘든 것은 싫어합니다. 사람 사이로 들어가기보다는 무난하고 기분 좋은 길을 택하기 쉽습니다. 하지만 일은 생각대로 되지 않습니다. 제가 경험한 바로는 생각대로 되지 않을 때 오히려 그 후의 인생이 더 활기차게 펼쳐집니다.

돌이켜보면 대학도 생각지 않은 학부에 들어갔습니다. 회사에서도 가고 싶었던 부서에 가지 못했고 근무지는 예상치도 못한 장소였습니다. 처음에는 충격을 받기 마련이지만 일단 받아들이면 닫혔던 마음의 문이 열리고 새로운 길이 보이기 시작합니다. 한동안 시간이 지나 되돌아보면 실은 처음부터 길이 똑바로 이곳을 향해 있었던 것처럼 보입니다. 용기를 가지고 선택하고, 예상과는 다르게 일이 풀린다. 그때서야 비로소 생각지 못한 방향에 길이 있었음을 깨닫는다. 사람은 그러길 반복하면서 성장하는 게 아닐까 생각합니다.

두 번째 퇴직

연수처에는 다양한 사람들이 있었습니다. 계속해서 새로운 사람이 들어왔고 어떤 사람은 떠나기도 했습니다. 평생 그 지역밖에 모르는 시골 아저씨가 있는가 하면 인도에서 돌아온 히피도 있었습니다. 이런저런 사람들로 북적거리는 느낌이 참 좋았습니다.

"풍뎅이가 날아와서 가슴에 착 달라붙었는데 앤 뭘까요?"

"아아, 전생의 애인인 거 아니야?"

이런 식으로 전혀 엉뚱한 이야기를 진지한 표정으로 주고받고 그런 모습을 보고도 아무런 반응도 보이지 않는 아저씨들. '이런 상황을 재미있게 받아들이는 건 나 혼자뿐이구나' 하고 홀로 고민을 했습니다.

유기농의 기원 중 하나는 1980년대 후반부터 1990년대에 걸쳐 되살아난 히피 운동입니다. 제가 연수했던 지역에는 그 흐름을 따르는 사람들이 있었습니다. 그들은 기존의 가치관에 얽매이지 않는 생활 방식, 환경과 공존하는 생활 방식을 강하게 지향하고 원리주의적인 유기농을 실천하고 있었습니다. 하지만 한편으로는 자신들 사상의 꺼림칙한 부분을 웃어넘기는 균형 감각과 갖은 수단으로 생활을 꾸려가는 억척스러움도 있었습니다. 아무리 숭고한 이념을 내세우더라도 건실하지 못해서야 다가오는 시련을 이겨낼 수 없습니다. 무릇 장사라는 건 상대의 입장과 관계를 소중히 여겨야 하는 일이기도 합니다.

그 후에도 유기농을 하는 여러 사람을 만나봤습니다만 생각이 너무 강한 사람은 아무리 인간성이 좋아도 거래처나 동업자에게는 위태로워 보입니다. 다른 사람들의 신뢰를 얻지 못하면 아무리 열심히 해도 취미 수준에서 벗어날 수 없습니다. 그에 반해 연수 중에 만난 유기농 선배들은 재배 방법이나 판매 방법 등에 얽매이지 않고 자유롭게 살아갈 수 있는 강인함과 부드러움을 지니고 있었습니다.

사무 업무를 주로 하게 된 후 한동안은 어떻게라도 밭에 나가기 위해 일을 빨리 해치우려고 노력했습니다. 하지만 점차 타성에 젖어들었습니다. 농사를 배우는 일이 생각대로 되지 않자 열심히 하자는 마음도 약해져갔습니다. 그 무렵 취미와 공부를 겸해 친척의 밭을 1000제곱미터 정도 빌려 개간하면서 제 채소를 키우기 시작했습니다. 그 정도만이 제 마음의 버팀목이었습니다.

설명을 조금 보태면 그 친척은 제 외가댁이었습니다. 당시 살고 있었던 곳에서 차로 40분 정도 걸리는 곳입니다. 당시에는 이미 돌아가신 뒤였지만 외조부모님은 작게 농사를 지으시던 분들이었습니다. 어렸을 때는 백중날이나 설에 놀러 갔습니다. 소형 트럭을 타고 밭에 가곤 했던 게 지금도 기억납니다. 중학교부터 고등학교까지 6년 동안은 가까이에 살고 있었기 때문에 이따금 찾아뵈었지만 농사에 대한 이야기를 한 적은 없습니다. 돌아가신 외조부모님 밭은 어머니와 친척이 상속을 받은 상태였습니다. 제대로 된 논밭은 다른 사람이 빌려서 농사를 짓고 있었고, 빌려 쓸 사람이 없는 작은 밭은 경작을 포기한 상태였습니다. 일단 그중에 1000제곱미터 조금 안 되는 땅을 빌려 취미 삼아 여러 가지를 기르기 시작했습니다.

연수처에서 실용적인 것을 배우지 못했기 때문에 전 완전히 초보자였습니다. 그 무렵엔 소위 자연농법에 심취해서 농약이나 화학비료를 쓰지 않는 것은 물론 유기비료조차도 쓰지 않으려 했습니다. 되도록 밭을 갈고 싶지도 않다고 생각했습니다.

당시 밭이 어떤 상태였는지 이제는 잘 기억이 나지 않습니다. 하지만 소송채, 주키니, 가지, 오이 등은 조금씩 수확했던 것으로 기억합니다. 무와 당근은 전혀 수확하지 못했습니다. 기본이 없는 데다 편협한 생각으로 농사를 지었으니 그저 씨를 뿌리고 바라만 보는 놀이나 마찬가지였습니다. 그래도 이런저런 시도를 하는 것이 재미있어서 휴일은 물론이고 편도 40분이 걸리는데도 여름에는 출퇴근길에 짬을 내서 부지런히 다녔습니다.

연수처에서의 일도 처음에는 뭐든 새로웠지만 휴일에 가는 제

작은 밭 쪽이 더 재미있어져서 어느새 연수처에서는 할 일만 하면 된다는 식으로 마음이 식고 말았습니다. 그런 어느 날 취농 준비를 하고 있던 시절에 시마네 현에 사는 선배가 한 말이 문득 떠올랐습니다.

"20대에 주말이 기다려지면 볼 장 다 본 건데."

나는 도대체 뭘하고 있는 걸까. 다른 사람들에게 큰 폐를 끼치면서까지 시작한 영농 연수가 날림이 된다면 끝장이다. 그럴 바엔 도시에서 회사원 생활을 하는 편이 낫지 않았을까. 제 자신이 너무나 싫어졌습니다.

이런 상태로 연수를 계속할 수는 없다고 생각한 제 분위기를 주변에서도 감지했던 모양입니다. 다른 직원이 제 험담을 하는 모습을 본 적도 있습니다. 어중간한 생각으로 연수를 계속할 거라면 차라리 그만두자 싶었지만, 아직 배운 게 없다는 생각도 치밀어 올랐습니다. 한동안 고민을 했지만 연수를 시작하고 딱 1년이 지났을 때쯤 퇴직하기로 마음먹었습니다.

의욕이 없던 탓도 있어서 결국 재배 기술에 대해서는 이렇다 할 것을 배우지 못했습니다. 씨를 뿌린 것은 딱 한 번. 트랙터를 타 본 것도 딱 한 번. 도구나 자재 종류가 무엇이 있는지는 그럭저럭 익혔지만 기술적으로는 초짜인 상태 그대로 연수를 마쳤습니다.

"사람에겐 맞는 일이 있고 안 맞는 일이 있는 법이지."

독립하겠다고 말하자 사장님은 이렇게 말씀하셨습니다. 너는 농업을 할 사람이 아니라는 말입니다. 그때는 빨리 다음 일을 시작하고 싶다는 마음이 급해 그다지 신경을 쓰지 않았습니다. 하지만 나중에 생각해보니 스승에게 응원을 받지 못한 채 독립한 불행한 제자였습니다. 능력 탓도 있었겠지만 연수나 농업에 대한 어설픈 마음가짐이 불러일으킨 결과였습니다.

독립 후에도 연수처의 사장님으로부터 많은 도움을 받았습니다. 하지만 결국 웃는 얼굴로 늘 만날 수 있는 사이가 되진 않았습니다. 연수받은 곳과도 좋은 관계를 만들지 못하는 인간이 무슨 사업 따위를 할 수 있겠습니까. 그래서 저는 회사를 그만두려고 하는 사람에게는 퇴사는 원만히 하라고 강력히 권합니다. 저 자신도 적어도 남은 인생 동안에는 솔직함과 다른 사람에 대해 감사하는 마음을 잊지 않으려고 합니다.

손쉽게 저버린 어느 날의 맹세
생각나, 답답한 마음에 나도 모르게 소리 지르네
후회의 노래, 철없던 거울 속 사내에게 지금
복수를 맹세하네
- Mr.Children, 〈아름다운 노래(優しい歌)〉에서

그렇게 꼴사납게 연수를 끝냈어도 독립의 기쁨은 컸습니다. 1999년 11월 1일. 연수를 끝낸 다음 날 저는 집 2층의 햇볕 들어오는 곳에 누워 대자로 뒹굴면서 자유의 몸이 되었음을 절실히 느꼈습니다. 연수는 뜻대로 되지 않았고 앞날도 불투명했지만 마침내

시작한다는 만족감이 있었습니다. 사업을 시작한다고 하기에는
너무나 안일한 독립의 순간이었습니다.

2장

초짜 농부의
좌충우돌

아무튼 농업을 시작하다

독립이라고는 해도 결의에 넘친 비약과는 거리가 먼 보잘것없는 출발이었습니다. 농사를 지을 장소도 처음에는 이바라키가 아닌 다른 곳을 찾으려 했음에도 결국 이곳 이바라키에서 친척에게 신세를 지는 형태로 시작하게 되었습니다. 연수를 받을 때 빌렸던 밭과 가까운 곳에 밭을 더 빌려서, 여기저기 흩어져 있기는 하지만 다 합쳐서 4000제곱미터 정도 되는 면적을 확보할 수 있었습니다. 하지만 실제론 황량하기 그지없는 휴경지에 지나지 않습니다. 심한 곳은 야생화한 잔디에 덮여 잡초도 나지 않는 상태였습니다. 겨우내 수동으로 시동을 거는 구식 디젤 경운기로 그 땅들을 개간하며 시간을 보냈습니다.

그런 경험 탓인지 다음 해에 산 구보타 22마력 트랙터, L2201을 처음으로 썼을 때의 감동은 지금도 잊을 수 없습니다. 밭이 갑자기 좁아진 느낌이었습니다. 덧붙이면 그때부터 10년 동안, 농장의 넓이가 1.7헥타르가 되기까지 밭을 가는 일은 20만 엔을 주고 산 이 털털이 트랙터와 폭 150센티미터인 로터리로 했습니다.

개간이 끝나고 마침내 밭다운 모습이 되자 이런저런 채소들을 조금씩 파종했습니다. 첫해 겨울에 제대로 자란 것은 소송채와 유채 등 잎채소 정도뿐. 양배추도 배추도 알이 차지 않았습니다. 다음 해에도 교과서에 의지하여 많은 작물을 심었지만 20~30퍼센트 남짓밖에 수확하지 못했습니다. 그래도 애초부터 확고한 방침이 없이 했기에 실패를 반성하는 대신 수확한 것에 기뻐할 따름. 망하다시피 한 것은 생각지도 않고 '의외로 이만큼이나 했구나' 하고 안도했습니다. 지금의 저라면 너무나 비참한 결과에 질려서 일을 그만둬버렸을 겁니다. 무지란 참으로 무섭습니다. 이 무렵의 실패담은 셀 수 없을 정도로 많지만 말하자면 끝이 없으니 다음에 하도록 하겠습니다.

아직 사상에 대한 집착을 버리지 못했던 이 시기의 저는 무경운 재배법農地를 갈지 않고 재배하는 방법을 시도하기도 하고 플라스틱 자재 쓰는 것을 주저하기도 했습니다. 취미의 영역을 벗어나지 못하고 있었습니다. 그래도 자라난 채소가 맛있어서 힘이 되었습니다. 지인을 통해 조금씩 늘어난 고객들도 모두 맛있다고 해주었습니다. 채소의 맛이 무엇으로 결정되는지 이때는 몰랐지만, 유기농으로 제철에 키우면 맛있게 자란다는 것을 경험으로 확인할 수 있었습니다. "비료를 너무 많이 주는 것은 좋지 않아", "땅을 너무 갈면 미생물에게 좋지 않다고"라고 말하는 수준이었지만 어쨌든 농사를 지었습니다.

덧붙이면 비료는 이 무렵부터 쭉 쌀겨를 쓰고 있습니다. 당시 읽고 있던 지침서는 일본유기농업연구회에서 펴낸《유기농업 핸드북有機農業ハンドブック》이었습니다. 이바라키 현 가사마笠間 시에 사는 선배 농부인 단 나오쓰네丹直恒 씨가 하는 방법을 읽고 그대로 흉내를 냈습니다. 때마침 제가 있던 지역에서는 쌀겨를 손에 넣기 쉬웠기에 그 즉시 쌀겨 비료를 주로 사용하도록 재배 방식을 바꾸

었습니다. 지역 자원을 살리려 한다는 대의명분을 내세웠지만 실제로는 그저 쉬운 방법이었기 때문에 택한 것입니다. 농사의 기본인 비료를 별다른 생각 없이 정한 점에서도 그저 현실에 만족하는 성격이 잘 드러납니다.

이론이 앞서는 녀석, 벽에 부딪히다

생각하면 어렸을 무렵부터 저는 말이 많고 머리만 큰 아이였습니다. 부모님께 "또 억지 부리네!"라는 소리를 얼마나 들었는지 모릅니다. 여러 현상을 분석하기도 하고 그 배후에 흐르는 논리를 생각하는 것을 선천적으로 좋아했나 봅니다. 대학교의 스포츠 동아리에서는 선배로부터 이론이 앞서는 녀석이라고 놀림을 받았습니다. 어떤 일이든 이론부터 따지는, 즉 좌뇌부터 쓰는 인간이라는 의미로 저 스스로를 히다리요쓰스모에서 서로가 왼손을 상대방의 오른팔 밑에 넣어서 잡는 것라고 일컬었습니다. 응석과 욕구불만 때문에 비뚤어지는 어린애와 다를 바가 없었습니다.

중고등학교 무렵에는 그 억지가 어린 나이에서 오는 위에 대한 반발심에 더해져 부모님과 선생님께 격한 소리를 내뱉기도 했습니다. 더블루하츠1985년 결성된 일본의 록 밴드의 〈소년의 시少年の詩〉라는 노래를 사회인이 되고 나서 듣고는 이 노래를 중학생 때 듣지 않아서 다행이다 싶어 가슴이 철렁했습니다. 그쪽으로 가버릴 소질은 충분히 있었기 때문입니다.

누구를 원망하는 게 아니야

그저 어른들에게 칭찬받는 그런 바보는 되고 싶지 않아

대학생 무렵 70년 안보투쟁1970년에 미일안전보장조약의 연장 저지와 파기를
주장한 시민운동에 대한 책을 읽고 그 시대를 살았더라면 틀림없이 휩
쓸렸을 것이라고 생각했습니다. 까다로운 평계를 대 뭔가를 비판
하는 것이 저에게 딱 들어맞기 때문입니다.

사회인이 되고서도 직장에서 주변 사람들과 충돌하곤 했습니
다. 젊었을 무렵에는 생각을 상대방에게 잘 전하자고 생각하는 대
신 올바른 것이 이긴다고 믿었습니다. "억지가 심하다"는 비판에
는 '내 말투가 기분 나쁘기는 하지만 내용 그 자체에 대해서는 어
떻게 생각하냐고!' 하고 안달복달했습니다.

저는 정치적인 면에서는 약간 진보적인 사상을 가지고 있습니
다.《주간금요일週刊金曜日》일본의 대표적인 진보 주간지의 애독자이고 잠시
이기는 하지만 사민당의 선거를 도운 적도 있습니다. 나가라 강
하구둑 반대운동이 가장 흥미로웠습니다. 거대 댐이라는 이권의
소굴을 이대로 두어서는 안 된다고 말하는 사람들이 운동을 이끌
고 있었고, 활동가뿐만 아니라 카누 애호가와 낚시꾼 등도 많이
참가하여 운동에 활기를 더했습니다. 관여하고 있는 사람들이 매
력적이었던 것입니다. 그들에게 이끌려 구조하치만郡上八幡. 일본 중부
의 나가라 강 상류에 위치한 마을 등에 다니다 민속학과 문화인류학에도 흥
미를 가지게 되었습니다. 민족문화영상연구소에 있는 히메다 다

다요시姫田忠義 씨가 하는 일에 상당히 영향을 받았습니다. 하지만 선천적으로 싫증을 잘 내는 성격과 일 하나에 빠져드는 데 대한 망설임 탓에 어느 것도 길게 하지는 못했습니다. 전 원래 일이고 사람이고 하나에 잘 빠지지만 금세 시들해지는 편입니다.

그런 제가 만반의 준비를 해서 빠져든 것이 유기농입니다. 지금 생각하면 회사원 생활에 적응하지 못한 유치함이고 끝없는 일상으로부터의 도피였습니다. 반대하는 사람도 많았기 때문에 자신을 정당화하려고 온갖 억지를 다 부려 이론 무장을 했습니다. 취농 준비 중에는 그런 일만 생각했기 때문에 실질적인 체험은 거의 하지 못했습니다. 연수 중에도 실제 농사에 참여할 기회를 별로 갖지 못했던 탓에 재배 기술을 충분히 몸에 익히지 못한 채 독립했습니다.

실제로 밭에서 작업을 해보고는 이 일이 얼마나 재미없고 성가신지 깨달았습니다. 제초제는 사람에게도 자연에게도 좋지 않다고 잘난 체했었는데 제초 작업이 이렇게 힘들 줄이야. 낫을 쓰는 법도 제대로 모르는 저로서는 고랑 한 줄에 난 잡초를 없애는 데에 시간이 끝도 없이 걸리는 것 같았습니다. 농업에 대해 몇 년 동안 생각해왔지만 현장에서 닥치는 대로 배운다는 생각은 쏙 빠져 있었습니다.

이것은 생각만을 앞세워 농업을 시작할 때 빠지기 쉬운 함정입니다. "일본의 식량 자급률을 높이고 싶다!"는 식의 숭고한 의지만으로는 하루하루의 따분한 작업을 계속할 수 없습니다. 똑같은 일을 담담하게 해내는 힘과 기본적인 기술 등이 필요합니다. 하지만 그런 힘과 기술을 대학에 진학하고 회사에 입사하는 과정을 거친 도시 생활자가 익힌다는 건 정말 어려운 일입니다. 기존의 이력은 현장 작업에는 전혀 도움이 되지 않습니다.

신문사 문을 두드린 학생이 아무리 언론에 대해 열심히 떠든다고 한들 문장을 쓴 적도 키보드를 두드린 적도 없어서는 전혀 먹혀들질 않습니다. 농업을 하고 싶은데 기본적인 체력이 없다든지 기계 조작에 대해 전혀 모르는 것도 마찬가지입니다.

유기농과 다시 만나다

저는 농대에서 공부하지도 않고 학문적인 배경도 전혀 없는 채로 농업에 뛰어들었습니다. 시작하고 나서야 농업이란 게 이과계 기술직이란 것을 깨달았을 정도입니다. 제대로 된 재배 이론을 배우지 않으면 아무리 세월이 지나도 평범한 농업에서 벗어날 수 없다고 생각하고 있었던 참에 연구회 이야기가 나왔습니다. 제가 참가하고 있던 이바라키 현의 젊은 농업인 단체인 뉴파머스에서 강연을 하셨던 토양비료학의 일인자인 이와타 신고岩田進午 선생님이 정기적으로 오시기로 한 것입니다.

매번 젊은 농업인들이 열 명에서 스무 명 정도 모였고, 두세 시간씩 차분히 강의를 들었습니다. 주제는 '일본 농지의 현재 상황', '유기물은 일꾼', '뿌리에 대해', '토양의 개선 기준', '유기비료를 어떻게 쓸 것인가?', '종의 다양성에 대해' 등등. 모두 실용적이고 호기심도 자극하는 것들뿐이었습니다.

그때까지 읽었던 유기농에 관한 책은 모두가 사회적인 관점에서 유기농은 올바르다고 말하는 어조였습니다. 이에 비해 이와타 선생님은 같은 내용을 말하더라도 과학에 입각한 논리적이고 냉정한 어조로 일관했습니다. 게다가 선생님이 관여한 많은 실증 실험 이야기는 사실적이고도 깊은 설득력이 있었습니다. 솔직한 질문도 할 수 있어서 도무지 종잡을 수 없는 유기농 이야기에 가졌던 의문들이 해소되는 느낌이었습니다. 선생님 덕분에 '아무튼 좋은 것이겠지' 정도로밖에 생각하지 않았던 유기농에 대한 이론적인 근거를 가질 수 있었습니다. 동시에 편협한 사상에서도 해방되었습니다. '땅 만들기란 무엇인가', '퇴비에는 어떤 효과가 있는가'와 같은 기본적인 것을 논리적으로 말로 설명할 수 있게 되고 커다란 자신감도 가지게 되었습니다. 내 선택이 틀리지 않았다 싶어 내심 기뻤고, 농업은 역시 지적인 일이라는 사실을 확인한 데 깊은 만족감을 느꼈습니다. 곧바로 결과는 나오지 않을지 모르지만, 이 유기농이라는 방법에 모든 것을 걸어보자고 생각하게 되었습니다.

이치를 알았다고 하더라도 현장에서 활용할 기술이 몸에 배어 있을 리 없었습니다. 제가 있는 마을에는 유기농 농가는커녕 채소 농가 자체가 적어서 주변에 보고 배울 수 있는 상대가 없었습니다. 하는 수 없이 인맥에 의지하여 유기농 농부인 선배의 집에 가

*

서 꾸준히 이야기를 들었습니다.

　우리 집에서 산 하나를 사이에 두고 있는 곳에 야사토八郷. 지금의 이시오카石岡 시라는 농촌이 있습니다. 유기농의 중심지라고 할 정도로 유기농 농부, 그것도 새로 취농한 사람이 많이 들어오는 곳입니다. 저와 같은 세대인 취농자도 많이 있어서 그들에게서 많은 것을 배웠습니다. 야사토에서 저와 거의 같은 시기에 농업을 시작한 친구는 모르는 게 있으면 이웃 밭 선배에게 가서 한두 시간 유심히 바라보다가 자기 밭으로 돌아온다고 했습니다. 내심 부러운 환경이라고 생각했습니다. 어쨌든 산 하나를 사이에 두고는 있지만 이야기를 들을 수 있는 것은 고마운 일입니다. 문제에 부딪힐 때마다 질문을 해서 하나씩 궁금증을 해결하기를 반복했습니다.

농사 작업의 기본적인 기술은 주변 사람을 흉내 내면서 자연히 몸에 배어가는 것이라고 생각합니다. 배울 의지가 있는 사람은 본보기만 있으면 누구나 일정한 정도까지 기술을 향상시킬 수 있습니다. 하지만 흉내를 낼 상대가 없는 경우가 문제입니다. 예를 들어 교과서에 '이랑을 만들어 씨를 뿌린다'라고 쓰여 있어도 어떤 도구로 어떻게 이랑을 만들어야 하는지 알 수 없습니다. 연수 중에 경험한 것은 어설프게나마 알고 있었지만 경험하지 못한 것은 방법이 없었습니다. 듣거나 보기만 해도 아무것도 아닐 텐데 최초의 실마리가 없으면 어찌할 도리가 없었습니다. 주위에 농가가 많은 지역에서 눈에 띄게 성장해가는 사람을 보고 오다타 유타카 씨의 "사람은 사람 사이에서, 땅은 땅 사이에서"란 말이 머리에 계속해서 떠올랐습니다.

언어화로 돌파구를 찾다

솜씨가 좋은 농부의 밭은 깔끔해서 보기가 좋습니다. 유기농을 하는 사람 중에는 "잡초가 나는 것은 자연스런 일이다"라고 하면서 꺼리는 사람도 있지만 그런 사람의 밭은 대개 깔끔하지 않습니다. 잡초를 지나치게 제거하지 않는 데서 오는 장점을 인정하더라도 의도적으로 잡초를 키우기라도 한 것처럼 황폐한 밭과 그렇지 않은 밭은 차이가 엄청납니다. 밭을 보기 좋게 관리할 수 없는 사람은 유기농을 변명으로 삼을 뿐입니다.

저도 처음에는 그랬습니다. 변명이라는 것은 어렴풋이 깨닫고 있었습니다. 그렇지만 책을 보더라도 제초는 시기가 중요하다고만 쓰여 있어서 구체적으로 어떻게 하면 좋을지 몰랐습니다. 다른 사람에게 물어도 '경험과 느낌'이라는 답밖에 돌아오지 않았습니다. 그 사람의 밭은 깔끔한 상태기 때문에 더 이상은 아무것도 물을 수도 없었습니다. 몸으로 익히는 수밖에 없는데 본보기도 없고 다른 사람에게서 요령을 보고 훔치는 감도 없으니 대체 어떻게 하면 좋을까 싶었습니다.

그렇지만 끈질기게 물은 끝에 실마리를 찾을 수 있었습니다.

"장마 때는 잡초를 뽑아도 금방 다시 뿌리를 내린다고."

아, 역시 그렇습니다. 분명히 그렇습니다. 땅 상태에 따라서는 이미 뽑은 잡초도 다시 뿌리를 내리고 맙니다. 경험적으로 알 수 있는 사실입니다. 물기가 있어서 잡초가 잘 마르지 않는 철에는 잡초를 뿌리째 뽑더라도 이내 다시 살아난다는 말입니다. 뽑은 잡초를 밭에서 치우거나 낫으로 뿌리와 잎을 잘라내야 합니다. 실천해보니 역시 효과가 있었습니다. 반걸음 앞으로 나간 것입니다.

그렇게 반복하는 사이에 이렇게 생각하게 되었습니다. 대대로 농사를 지은 농부들은 모두 어렸을 때부터 경험을 쌓고 감을 기르고 몸으로 방대한 노하우를 익힌다. 나는 경험이 없을 뿐만 아니라 몸으로 익히는 것도 서투르다. 경험으로도 감으로도 뒤처져 있는 내가 앞으로도 어떻게 한다고 한들 그들을 따라갈 수는 없지 않을까. 이론이 앞서는 녀석인 내가 가진 무기는 언어밖에 없다.

성가시고 시간이 걸리더라도 많은 농부가 무의식적으로 몸에 익힌 것을 언어를 통해 몸으로 배울 수밖에 없다.

이건 전문적인 농업인을 꿈꾸며 이 세계에 발을 들여놓은 저로서는 패배이기도 했습니다. 몸으로 익혀 감을 기르는 근사한 전문가가 되기를 포기하는 것이기 때문입니다. 저에게 그런 능력이 없다고 인정하는 것은 부족한 저로서는 나름의 용기가 필요한 일이었습니다. 실제로 그 지역의 농부가 "아무것도 못하는 주제에 이치나 따지기는"이라고 하며 노골적으로 기분 나빠하는 것을 본 적도 있습니다.

하지만 경험과 느낌이 없는 저로서는 논리와 언어밖에 없다고 정색을 하고 나섰습니다. 어렸을 때부터 이론이 앞서는 녀석인 제가 이제 와서 달라질 리가 없으니까요. 막다른 곳에 몰려 선택한 이 '감보다 언어' 노선은 결과적으로 저에게 맞았습니다. 아무 생각 없이 농업을 계속했더라면 그 후 1년도 버티지 못했을 거라고 생각합니다.

교과서에 있는 '가지 밭의 고랑 제초는 제때에'라는 표현을 제 나름대로 언어화하면 이런 식입니다.

가지는 정식작물 등을 수확할 때까지 재배할 곳에 심는 것부터 수확까지 약 5개월. 지면을 덮는 작물이 아니기 때문에 고랑 제초 작업은 그 기간 동안 계속하지 않으면 안 된다. 제일 빨리 할 수 있는 것은 관리기소형 경운기. 잡초가 10센티미터 정도까지 자라기 전 3주 이내에 한 번 정도씩 관리기를 넣으면 제거할 수 있다. 단 짚이나 비닐로 덮은 이랑의 가장자리에 난 잡초는 제대로 제거할 수 없기 때문에 제초용 괭이를 써서 잡초를 제거할 필요가 있다. 관리기와 도구를 써서 3주 이내에 한 번씩 한다면 그것으로 OK. 잡초가 그보다 더 자라버리면 웅크려서 낫으로 벨 수밖에 없고 열 배 이상 시간이 걸린다. 그 정도 노력을 할 수 없다면 짚이나 방초시트로 빛을 차단하여 잡초가 나지 않도록 한다. 짚이나 방초시트의 단점은 재료 확보며 설치 비용, 한가할 때에 미리 작업을 해야 하는 점 등. 상황에 따라 선택한다.

제초 작업 하나에 참으로 설명이 장황합니다. 하지만 이렇게라도 말로 정리해두면 언제든 누구나 따라할 수 있습니다. 저에게는 일단 언어화하고 시행착오를 반복하면서 기술을 익혀가는 방법이 맞습니다. 시간은 걸립니다만 어디부터 손에 대야 좋을지 몰라 고민하지 않고 차분하게 앞으로 나아갈 수 있습니다. 방정식이 세워지면 그 뒤로는 풀기만 하면 됩니다.

그때까지는 다른 사람의 밭을 보러 가더라도 제 밭과 너무나 차이가 나서 실망을 하거나 감탄하거나 둘 중 하나였습니다. 보고 들은 것을 언어로 다시 정리해 몸에 익혀가는 방법을 택하고 나서는 필요한 질문을 할 수 있게 되었고 배우는 것도 많아졌습니다. 정신론에 빠지지 않고 차분하게 합리적으로 다른 사람에게 배울 수 있게 되었습니다. 보고 들은 것을 제 몸을 제어하는 프로그램 언어로 정리할 수 있게 된 것입니다. 또한 게으르고 체력이 모자라는 제가 똑같은 성과를 내려면 어떤 절차를 밟아야 좋을지도 적극적으로 생각할 수 있게 되었습니다.

재능이 없어도 이기는 방법은 있다

저는 감과 근성이야말로 농업에 필요한 자질이라고 늘 말합니다. 감은 사물의 본질을 간파하여 다른 곳에 응용하는 힘입니다. 근성은 영리하지 않더라도 마지막까지 해내는 힘을 말합니다.

농사를 짓는 사람 대부분은 적어도 둘 중 하나를 가지고 있습니다. 그런데 유감스럽게도 저에겐 아무것도 없습니다. 연수처 사장님이 말씀하신 대로 분명히 농업을 할 사람이 아닙니다. 아쉽게도 그 사실을 농사에 입문한 지 서너 해가 지나서는 인정할 수밖에 없었습니다. 당시의 제가 지금 히사마쓰농원에 취직하려 한다면 직원 전원 일치로 저를 떨어뜨릴 것입니다.

그래도 저는 농업을 계속하고 싶었습니다. 지기는 싫었고 농업이 적성에 맞지 않더라도 계속하고 싶었습니다. 주위에는 감과 근성이 있는 훌륭한 신규 취농자가 여러 명 있었습니다. 그들로부터 "자네는 농업에 맞지 않아"라는 소리를 들었지만 저는 적성이 맞지 않더라도 그들을 따라가고 싶었습니다. 같은 눈높이에서 이야기를 나누고 싶었습니다. 하지만 같은 길을 같은 방법으로 달려서는 도저히 따라갈 수 없었습니다. 누가 보더라도 둔한 제가 그들에게 지지 않으려면 제 나름의 무기가 반드시 필요했습니다. 그 무기가 바로 언어와 논리입니다.

꿈을 좇는 것은 소중합니다. 무슨 일이든 거기서 출발해야 합니다. 하지만 노력의 방향이 잘못되어 있으면 아무리 노력을 해도 결과가 나오지 않습니다. 감을 기르려 해도 없는 것은 기를 수 없습니다. 그보다는 감이 없더라도 할 수 있는 방법을 찾는 편이 빠릅니다. 우선은 자신에게 감이 없다는 것을 인정하고 받아들이지 않으면 아무것도 시작할 수 없습니다.

강조하고 싶은 것은 그것이 홧김에 한 일이었다는 점입니다. 경력이 얼마 안 되는 입장에서 절대로 따라갈 수 없는 훌륭한 동료가 있는 것은 참으로 힘겨웠습니다. 하지만 그런 사람을 항상 보고 있던 덕분에 반대로 '나에게는 어떤 무기가 있을까' 하고 생각할 수밖에 없었습니다. 생각한 대로 일이 잘 풀렸다면 그러지 않았을 것입니다.

말로 옮기지 않고 몸으로 익힐 수 있는 사람 쪽이 당연히 습득도 빠릅니다. 따라서 지금도 저는 그런 사람과 같은 조건으로 싸우면 집니다. 불리한 싸움이라는 사실을 인정할 수밖에 없습니다.

그래도 싸울 방법은 있습니다. 이 부분에서는 이 사람을 당해낼 수 없다고 패배를 인정해야 비로소 무엇으로 승부를 해야 좋을지 생각할 수 있습니다. 힘들더라도 일단 멈추고 생각을 해야 해결책을 찾아낼 수 있습니다. 약하다는 것을 받아들이고 자신에게 맞는 싸움 방법을 찾아낸다면 그 일에 적합하지 않은 사람일지라도 때로는 이길 수 있다고 생각합니다.

유기농은 무조건 옳은 것일까?

저는 유기농을 동경해서 농업에 발을 들였습니다. 그런 유기농을 지금 저는 어떻게 받아들이고 있는지 여기서 조금만 다루기로 하겠습니다. 유기농이란 과연 무엇일까요?

'유기농업촉진법'이라는 법률의 정의는 다음과 같습니다.

유기농업이란 화학적으로 합성된 비료 및 농약을 사용하지 않는 것 및 유전자 조합 기술을 이용하지 않는 것을 기본으로 하여 농업 생산의 바탕이 되는 환경에 대한 부하를 가능한 한 저감시킨 농업 생산 방법을 써서 행해지는 농업을 말한다.

엉터리 같고 그다지 쏙 들어오지 않는 정의입니다. 적어도 아이들이 '대단한데! 나도 유기농업을 하고 싶어'라며 동경할 만한 것은 아닙니다.

세상에 알려진 유기농의 삼대 요소는 안전, 맛, 친환경입니다. 말하자면 이런 인식이 널리 통용되고 있습니다.

유기농 채소는 안전하다.

유기농 채소는 맛있다.

유기농은 환경에 좋다.

하지만 저는 모두 사실과 다르다고 생각합니다. 그런 의미에서 유기농의 세 가지 신화라고 부르고 있습니다.

현재 농약 사용 규제는 충분히 안전한 기준으로 정해져 있습니다. 농산물에 잔류한 농약이 먹는 사람에게 해를 끼칠 가능성은 거의 없습니다. 규제가 어느 정도로 엄한가 하면 농약이 기준치에 빠듯하게 남아 있는 농산물을 평생에 걸쳐 평균 섭취량의 백 배를 계속 먹어도 건강에 영향을 주지 않는 수준입니다. 그렇게 먹는 것은 불가능하므로 잔류 농약이 건강을 해치는 일은 있기 어렵습니다. 그 정도로 엄하게 기준이 설정되어 있습니다. 유기농이니까 안전하다고는 할 수 없습니다. 잔류 농약 기준을 충족하는 농산물은 모두 다 안전합니다.

유기농이라고 해서 반드시 맛있지도 않습니다. 싱싱한 채소의 맛을 결정하는 것은 재배 시기, 품종, 선도. 이 세 가지 요소입니다. 이에 비하면 재배 방법의 차이에 따른 영향은 아주 미미할 따름입니다. 이 세 가지가 충족되지 않는 한 유기농으로 재배했는가 아닌가로 채소의 맛을 따져도 거의 의미가 없습니다.

또한 환경에 관해서도 다양한 요소가 얽혀 있습니다. 유기농이라는 방법이 모든 경우에 있어서 환경에 좋다고는 말할 수 없습니다. 개별적으로 과학적인 논의가 필요합니다. 이 유기농의 세 가지 신화에 대한 상세한 내용은 졸저《겉치레 없는 농업론》을 참조하시기 바랍니다.

농업은 자연이 아니다

유기농 운동은 1970년대 초에 사회 운동으로 시작되었습니다. 유기농의 선구자들, 이른바 유기농 1세대가 그 후에도 운동을 이끌었습니다. 제 세대는 1990년대 말에 그 세대에 매혹되어 유기농의 세계로 들어섰습니다. 1세대에게 직접 가르침을 받은 마지막 세대라고 할 수 있습니다.

만난 적은 없지만 제게 큰 영향을 주신 분이 있습니다. 도쿄 세타가야世田谷에 사셨던, 지금은 돌아가신 오히라 히로시大平博 씨입니다. 오히라 씨는 원래부터 농사를 짓던 집에서 태어나 젊었을 때는 열심히 근대 농업을 하셨던 분입니다. 제2차 세계대전이 끝난 뒤인 식량 증산 시기에는 제철보다 빠른 시기에 대량으로 채소를 생산하는 농부가 훌륭한 농부였습니다. 오히라 씨의 아버지는 비닐하우스를 써서 오이를 한 해 내내 재배하는 데 처음으로 성공한 분입니다. 가축 분뇨를 쓰던 예전의 농법에서 기계와 화학비료를 쓰는 근대 농업으로 전환했고, 후배들을 기르는 데에도 힘을 쏟아 전국의 젊은 농부들을 집에서 먹이고 재우기까지 하면서 기술을 가르쳤다고 합니다.

당시에 재배의 성공은 곧 큰 돈벌이로 이어졌습니다. 요즘 소비자는 상상도 할 수 없겠지만 1960년대까지 채소는 제철이 아니면 구할 수 없었습니다. 조금이라도 제철이 아닌 시기에 채소를 내놓으면 엄청나게 높은 가격이 붙는 것은 너무나 당연한 일이었습니다. 오히라농장도 그런 방법으로 성공했습니다.

하지만 같은 작물을 계속해서 재배하면 작물이 병약해지고 시간이 지날수록 수확물의 질도 낮아지게 됩니다. 병을 억제하기 위해 농약을 대량으로 사용해야 하고 가혹한 노동과 농약 살포로 자신의 몸도 좀먹어 들어갑니다. 아버지가 위암으로 죽고 자신도 건강을 해친 오히라 씨는 근대 농업에 의문을 느껴 유기농으로의 전환을 꾀했습니다. 그때 오히라 씨의 할머니가 이렇게 말했다고 합니다.

"내가 농사짓던 시절엔 몸도 편하고 작물도 더 훌륭했는데."

소박하지만 가슴에 와 닿는 말입니다. 여기서 중요한 것은 오히라 씨는 안이한 근대화가 낳은 농작물의 질 저하와 생산자 자신의 삶의 질 저하를 해결하기 위해서 유기농을 시작했다는 점입니다. 결코 진보에 역행한 것이 아닙니다.

오히라 씨의 저서인《유기농업 농장有機農業の農園》에 이런 말이 있습니다.

농약도 화학비료도 비닐도 쓰지 않고 지금의 농업과 겨룰 수 있는 그런 농업이 과연 있을까. 그렇다! 할머니 세대가 했던 농법을 꿈의 농법으로 여기고 실현해보자!

오히라 씨는 슬로라이프를 지향하는 분이었을 뿐만 아니라 대단한 야심가이기도 했습니다. 물론 오히라 씨도 농업의 공업화가야기한 해악에 대해서는 엄하게 비판했지만 기술의 진보나 생산성 향상을 부정하지는 않았습니다.

제가 생각하는 유기농도 이에 가깝습니다. 무농약이나 무화학 비료 같은 것은 사소한 이야기에 지나지 않습니다. 농약을 쓰지 않는 것만으로는 별 가치가 없습니다. 오히라 씨가 모색한 방법을 우리도 간접적으로 배우고 실천하고 있습니다. 바로 근대화 이전의 방법을 기초로 과학과 경영을 도입한 현대적인 방법입니다.

저는 유기농업촉진법이 정의하는 유기농과 오히라 씨가 주장하는 유기농은 비슷하지만 다르다고 생각합니다. 농약을 쓰지 않고 친환경적인 것은 유기농의 일면에 지나지 않습니다. '왜 유기농인가?'에 대한 이유는 분명 있을 것입니다. 하지만 유기농의 좋은 점을 아무리 합리적으로 주장하더라도 사람들은 머리로 납득할 뿐 전혀 공감하지 않습니다. 마찬가지로 유기농의 좋은 점이라는 것들은 과학적으로 무의미하다는 비판이 일어도 논의로서 재미있을 뿐 마음을 울리지 못합니다.

제가 말하는 유기농은 극히 사적인 유기농입니다. 마음속에서 소중히 빛을 발하고 있고 누구의 손도 닿게 하고 싶지 않습니다. 솔직한 심정으로는 나의 소중한 유기농을 당신들의 손때 묻은 것과 같은 수준으로 논하지 말라고 말하고 싶습니다.

무엇이 진정한 유기농인가에 대한 논쟁은 예전부터 끊임없이 반복되고 있습니다. 자연 농법이라느니 무경운 재배라느니. 새로운 기적이 일어날 때마다 신학 논쟁이 재연됩니다. '예술이란 무

초짜 농부의 좌충우돌

엇인가?'처럼 전혀 발전이 없는 주제처럼 보여 골치가 아픕니다.

되풀이되는 것은 그 농법이 얼마나 자연에 가깝냐는 논쟁입니다. '땅을 가는 것은 자연이 아니다.' '화학 자재는 자연이 아니다.' '교배종은 생물의 섭리에 반한다.' '유전자 조합은 신에 대한 모독이다.' 이야깃거리로는 재미있는 면이 있는 것도 사실입니다. 하지만 잘 생각하면 이야기는 단순합니다. 본디 농업은 자연과는 동떨어진 것입니다.

곡물도 채소도 원래는 세계 어딘가에서 자생하고 있던 식물입니다. 농업은 인간이 그 식물을 집과 가까운 곳에서 기르려고 시도하면서 시작되었습니다.

과일나무가 씨를 동물이 먹어서 멀리 옮아가게 하려고 달콤한 열매를 맺는다는 것은 잘 아시리라 생각합니다. 이처럼 식물 중에는 생존 전략상 자신의 열매를 동물에게 먹이려 하는 종이 있습니다. 한편 식물은 몸 일부를 딱딱하게 만들거나 독을 품어서 먹히고 싶지 않은 부분은 지킵니다. 인간은 농업을 발전시키는 과정에서 그런 식물들을 보다 먹기 쉽도록 크고 연하게 개량했습니다. 그 결과물이 지금의 곡물과 채소입니다.

말하자면 논밭은 인간의 먹거리를 생물을 이용해 제조하는 공장입니다. 손도 안 댄 자연과는 거리가 멉니다. 오히려 지구 표면을 인간을 위해 대규모로 바꿔간다는 점에서 농업은 인류의 행위 중에서도 가장 큰 환경 파괴라고 할 수 있습니다. 하지만 농업 없이는 지금의 인구를 도저히 유지할 수 없습니다.

이 문제의 옳고 그름을 여기서 묻지는 않겠습니다. 다만 애초에 극히 비자연적인 방법인 농업을 두고 어떻게 해야 보다 자연에 가까워질까를 따지는 것은 정말 무의미한 논의라고 생각합니다.

애플사에서 첫 매킨토시 개발이 늦어지자 스티브 잡스Steve Jobs는 개발자들을 "Real artists ship진정한 예술가는 작품을 내놓는다"이라는 말로 격려했다고 합니다. 제가 생각하는 유기농이란 생산자가 자신 있게 출하한 채소로 먹는 사람을 만족시키고 정당한 대가를 얻는 행위입니다. 뭐가 더 필요하겠습니까.

3장

언어로 땅을 갈고 언어로 파종한다

히사마쓰농원의 하루

풋내기 집단인 우리 히사마쓰농원의 일상은 어떤 모습일까요? 이 장에서는 작고 강한 농업의 생생한 현장을 소개하고자 합니다.

♦ 히사마쓰농원의 여름날

7월 28일(월) 맑음 최고 31도 최저 22도

 여름 작업은 아침 5시 회의로 시작합니다. 우선은 여름 채소 수확부터 합니다. 농장장은 전날에 정리한 출하 지시서를 클라우드cloud로 공유하고 직원은 집에서 프린트하여 가지고 옵니다. 지난주의 채소 상태와 고객 반응을 검토하면서 오늘의 수확 분담을 정합니다.

 농장장인 후시미 씨가 상세한 지시를 내립니다.

 "가지가 장마가 걷힌 뒤 시들해지고 있습니다. 약간 적게 따주세요."

 "본즈 씨, 지난번 오크라 수확에 시간이 너무 많이 걸렸더군요. 오늘은 몇 시간이면 할 수 있나요?"

 "1시간 30분을 목표로 하고 있습니다."

 "소가와 씨, 아타고3에 가는 참에 땅콩 밭 잡초 상태를 보고 와주세요."

 5분 정도 모임을 가진 후 각자 도구 상자를 가지고 담당 밭으로 흩어집니다. 가위나 칼 등이 잘 들지 않으면 날을 다이아몬드 숫돌로 잽싸게 한 번 갈아줍니다.

지금은 여름 채소의 절정기. 출하장을 나와 밭에 들어온 세 대의 소형 트럭에 오이, 가지, 피망, 토마토, 오크라, 파, 여주 등 형형색색의 채소를 옮겨 담습니다. 서늘한 동안 끝내고 싶은 마음에 수확하는 몸놀림이 모두 날랩니다. 7시가 되어갈 즈음 적절한 시점에서 각자 아침을 먹고 다시 수확에 임합니다.

기온은 벌써 28도. 장마가 끝난 후라 태양이 무자비하게 내리쬡니다. 이 시기에는 물통도 금세 비고 맙니다. 수확이 끝나가는 9시, 출하를 담당하는 직원이 출근하면 모두 모여 출하 모임을 갖습니다. 오늘은 출하가 바쁘겠다고 예상하고 자발적으로 30분 빨리 출근한 직원도 있습니다. 후시미 농장장이 오늘의 출하를 설명합니다.

"피망에 벌레가 있었다는 고객 불만이 한 건 있습니다. 어떻게 하고 계시죠?"

"늘 하던 대로 이렇게 전부 확인한 뒤 포장하고 있습니다."

"알겠습니다. 장마가 끝난 후에는 담배나방이 순식간에 늘어나니 잘 점검해주십시오. 수확하는 직원이 뭔가 있다고 하면 보고하시기 바랍니다."

"영콘을 쉰 자루밖에 따지 못했습니다."

"알겠습니다. 이것과 이게 모자라겠군요."

"그러고 보니 5th Café에서 오크라가 맛있다는 보고가 들어왔습

출하 품목표

출하품목					
10월 28일	정기편	46			
	M	57			
	L	11			
작물	수확	세트	레스토랑	비고	보고
무	76	68	8		
홍심무[1]	11		11		
적무[2]	11		11		
잎 달린 미니 당근	6		6	6~8개	
당근	5		5	kg	
양배추	82	68	14	신란②	
버터넛(소)	1		1		
감자	2		2		
적감자	8		8		
양파	12	11	1		
양파(10kg, 배송료 포함)	1		1		
생땅콩	70	68	2		
생땅콩(큰 자루)	5	1	4		
대파	7		7		
스틱브로콜리	70	68	2		
브로콜리	75	68	7		
콜리플라워	10		10		
카볼로네로[3]	11		11	5~6장	
카볼로리프그린[4]	2		2	5~6장	
소프트로메인레터스	75	68	7		
샐러드무청	86	68	18		
무청	4		4		
소송채	80	68	12		
시금치	4		4		
쑥갓	15	11	4		
경수채	10		10		
고추냉이잎	79	68	11		
붉은 샐러드 갓	92	68	24		
루콜라	6		6		

1.껍질이 빨간 무 2.속이 빨간 무 3.이탈리아가 원산인 검정색 배추 4.카볼로네로와 케일의 교배종

언어로 땅을 갈고 언어로 파종한다

니다. 인쇄해온 페이스북 페이지를 붙여놓겠습니다. 그럼 오늘도 더우니 수분 보충을 잘 하시면서 작업하시기 바랍니다. 잘 부탁드립니다."

"잘 부탁드립니다!"

출하 직원 세 명은 오늘의 조정과 출하 절차를 같이 이야기하고 각자 업무에 임합니다. 밭을 담당하는 직원들은 계속해서 협의를 이어갑니다.

"본즈 씨, 가지는 앞으로 어느 정도 걸리죠?"

"앞으로 20분 정도입니다."

"15분 안에 끝내주십시오. 소가와 씨는 뭘 하죠?"

"오전 동안 스틱세뇨르를 심을 이랑과 고랑의 제초 작업을 합니다."

"잘 부탁드립니다."

세세한 작업 방식은 각자의 판단에 맡겨져 있습니다. 모르는 부분이 있으면 농장장에게 물어봅니다만, 혼자 일하는 경우가 압도적으로 많은 것이 우리 농장의 특징입니다. 다품목 재배는 한 작물당 작업 시간이 아주 짧습니다. 하루 종일 같은 작업을 하는 경우는 감자 캐기나 가공용 당근 수확 등 1년에 몇 번 없습니다. 일주일에 수십 개씩 있는 1시간에서 반나절밖에 걸리지 않는 자잘한 일을 직원들이 부지런히 해냅니다. 히사마쓰농원은 한 사람 한 사람이 작업 내용을 이해하고 스스로 판단해 움직이는 식으로 돌아갑니다.

다품목 무농약 재배로 한 사람이 소화할 수 있는 면적은 일반적으로 1헥타르 정도입니다. 우리 농장에서 한 명당 1.4헥타르의 밭을 맡길 수 있는 것은 시스템이 철저한 덕분입니다. 그만큼 사람을 까다롭게 뽑습니다. 업무에 적극적으로 임할 수 없는 사람은 논외입니다. 현장 감독이 없으면 무엇을 해야 좋을지 모르는 사람은 하루도 못 버티지 않을까요?

의욕이 있더라도 작업의 의미를 이해하지 못하면 진전이 없습니다. 농업을 일반적으로는 육체노동이라고 여기지만 우리 농장에 한정해 말하면 몸과 머리를 반씩 쓰는 일입니다.

여름은 여름 채소 수확, 쑥쑥 자라는 잡초 제거, 가을·겨울 채소 이식(작물 등을 옮겨심는 작업)이 겹치는 바쁜 시기입니다. 수확, 제초, 밭 정비, 이식, 정리 등 이런저런 작업이 순간순간 닥쳐옵니다. 직원 모두가 지금의 밭 상태와 지금 할 일을 파악하지 못하면 효율적으로 움직일 수 없습니다. 선배 뒤에 붙어 다니며 일 하나가 끝날 때마다 "다음은 뭘 해야 하죠?"라고 물어볼 수 있는 것은 처음 세 달뿐입니다.

다음 쪽의 표는 농장장이 주말에 만드는 다음 주 작업계획표입니다. 그 주에 해야 할 일이 항목별로 조목조목 쓰여 있고 대략적인 일정이 잡혀 있습니다. 날씨나 진행 상황을 보고 작업 순서는 유연하게 바꿀 수 있습니다. 정해진 것을 기계적으로 하는 식으로는 할 수도 없고 그래서도 안 됩니다.

직원들에게는 과거의 기록을 보고 작업 내용을 예습하도록 합

작업계획표

관리	파종, 정식	제초	정리	그 외
감자: 캐기	청대콩, 주피터, 오이③	파 관리기, 휴대용 제초기	밤	물받이 설치
밤: 수확②	땅콩②: 추가 파종	토란 관리기, 멀칭	옥수수①	다카오카: 헛간 정리, 멀칭 이동
토마토 비닐하우스: 물 대기			주키니	나카하라: 남구 풀 분쇄
몰로헤이야, 바질, 차조기: 눈 따기				
오이: 잎 따기		경운		
요시쿠라 추비사 내방		가미야마, 신가미야마, 그 외		6월 28일(토) 농장 견학회
마이크로토마토: 손질				
피망: 그물망	멀칭			
	태양열, 청대콩			

6월 23일 (월)	6월 24일 (화)	6월 25일 (수)	6월 26일 (목)	6월 27일 (금)
수확	출하: 후시미, 소가와		수확	출하: 히사마쓰, 소가와
히사마쓰 외출		감자 캐기		배달: 본즈 / 소가와: 장보기
				후시미: 견학회 조리
몰로헤이야, 바질, 차조기: 눈 따기	마이크로토마토: 손질			
피망: 그물망	땅콩②: 추가 파종			
	청대콩, 주피터: 파종			
	요시쿠라 추비사 내방			
오이: 잎 따기	파: 관리기, 휴대용제초기			견학회 나갔을 때
밤 수확② 및 정리	토란: 관리기, 멀칭			다카오카: 주변, 아타고③ 주변 정리
토마토 비닐하우스: 물 대기	오이: 파종			
				선물, 목록, 영수증 등 준비
나카하라: 감자 줄기 치기, 주변 풀 깎기		히사마쓰 외출	히사마쓰 외출	
			17시 공민회관	

*

니다. 작업 기록은 데이터베이스화되어 밭, 작물, 품종, 작업 항목 등으로 추출할 수 있습니다. 예를 들어 '작물: 가지', '품종: 고고로小五郎'로 검색하면 작년 1년간의 센료千両. 가지의 종류 가지 재배와 관련된 모든 작업 기록이 나옵니다. 별도로 만들어둔 작업 지침서나 교과서와 대조하면 밭에 있는 가지는 지금 어떤 단계에 있고 농장장의 지시 내용은 무엇인지를 나름대로 생각할 수 있습니다.

할 일이 많기 때문에 일주일 분량 전부를 단숨에 받아들이기는 힘들지만 적어도 당일 아침에는 전원이 작업의 목적, 필요한 도구와 조치, 소요 시간에 대해 나름의 해답을 가지고 있습니다. 다른 말로 하면 사전에 머릿속으로 한 번 그 작업을 한 후 본격적으로 작업에 임하는 것입니다.

작업 기록지

날짜	밭	작물	품종	횟수	작업	내용	연락/반성
2014/4/1	육묘 비닐하우스	오이	나쓰바야시		파종	140알	
2014/4/1	육묘 비닐하우스	오이	사킷토		파종	100알	
2014/4/1	아타고3	호박	홋토케쿠리탄		정식	(2/26) 203통, 50미터 이랑 2줄, 5150 높은 이랑, 150 높이 터널 지주, 비닐-유공, 스즈란 차광막	이랑 시비 애글리트 칼슘 1포씩
2014/4/1	토마토 비닐하우스	토마토			밭 준비	이전 작물 정리, 경운	하우스 밖 북쪽 가장자리 제초
2014/4/1	오하타 중앙				경운	파 예정지	멀칭 전 다시 한 번 경운
2014/4/1	잇신				경운	미우라 무 자리	
2014/4/1	육묘 비닐하우스	토마토	발트			냉상으로 이동	전날 찬 바람을 맞으면 안 됨
2014/4/1	육묘 비닐하우스	토마토	묘코			냉상으로 이동	
2014/4/2	다카오카 서쪽				밭 준비	갈아엎기, 당 100포, 석회 7포 비료산포기 +경운	
2014/4/2	다미야			2	제초	작물②를 없애면 제초	풀이 크고 시간이 없었다.
2014/4/2	오하타 중앙				경운		
2014/4/2	오하타 중앙				제초	잎양파 멀칭 때 손으로 제초	
2014/4/2	오하타 동쪽				경운	미우라 무 후에 정리	
2014/4/3	다미야	샐러드용 적갓		2	그 외	수확 개시	
2014/4/3	아타고3	유채	고마쓰나라쿠텐		그 외	수확 개시	
2014/4/3	아타고3	유채	가라시나		그 외	수확 개시	
2014/4/3	보육원	유채	노라보나		그 외	수확 개시	
2014/4/3	다미야	양배추	아야네		관리	피복 제거	
2014/4/3	다미야	배추	반키		정리	피복 제거	

애매한 점이 있으면 아침 모임에서 확인해 실수를 막을 수 있습니다. 아무리 사소한 작업이라도 반드시 목적과 근거를 가져야 하며 아무 생각 없이 해도 좋은 일은 하나도 없다는 마음가짐을 공유해야 합니다.

이제 막 농업을 시작했을 무렵에는 아침부터 밤까지 필사적으로 작업을 해도 '정말로 이렇게 하면 될까? 뭔가 큰 것을 놓치고 있는 것은 아닐까?' 하고 늘 불안해했습니다. 목표와 거기에 이르는 과정이 명확하지 않았기 때문입니다. 농장 직원들에게는 명확한 일정을 제시하여 일의 생산성을 이끌어내고 있습니다. 레인은 알아보기 쉽게 그려두었으니 각자 목표를 향해 마음껏 달려줬으면 합니다.

10시가 되면 평소에는 각자 집으로 돌아가 점심 휴식을 취합니다. 한여름의 작업 시간은 오전 5시부터 10시, 오후 2시부터 6시입니다. 낮에는 너무 더워서 일을 할 수 없습니다. 오전 중에 그날의 할당량을 거의 끝내고 오후에는 좀 여유 있게 하는 식으로 하지 않으면 몸이 버티질 못합니다.

장마철이 끝나고 음력 7월 보름이 지날 때까지 한 달 동안은 날은 덥고 할 일도 많지만 너무 지치지 않는 것이 중요합니다. 여름에 체력과 기력을 소진하면 그게 겨울에도 영향을 끼칩니다. 제가 홀로 농업을 하면서 힘든 경험으로 깨달은 것입니다. 무리하게 일하면 도리어 꾸준히 일할 수 없게 되니 그래서는 안 됩니다.

11시가 되었습니다. 평소라면 밭에서 일하는 직원은 낮잠을 잘 시간입니다. 하지만 오늘은 점심 회식을 갖습니다. 여름이면 흔히 마련하는 자리입니다. 모두가 옷을 갈아입고 배불리 초밥을 먹습니다. 평소와 다른 복장으로 색다른 장소에서 밥을 먹으면 평소에는 듣기 힘든 이야기가 잔뜩 나옵니다. 20대부터 50대까지 연령대가 다양한 직장에서 공통된 화제를 찾는 것도 또 하나의 재미입니다. 덧붙이면 남녀 비율은 3 대 4. 농장장이 여자이기도 해서 오히려 남자들이 주눅 드는 농장입니다.

출하 담당 직원 세 분은 아주 믿음직스런 분들입니다. 밭에서 수확한 채소를 깨끗하게 다듬고 분류한 뒤 계량 및 포장을 하고, 출하처별로 만들어둔 발송장에 따라 골라서 발송하고 일이 끝난 후 전표를 처리하는 공정까지 도맡고 있습니다. 한 가지 일을 익혔다 해도 우리 농장은 채소의 종류와 규격이 다양해서 계절에 따라 다루는 상품이 연달아 바뀝니다. 게다가 같은 작물이라 해도 시기에 따라 첫물, 제철, 끝물 순으로 상태가 바뀝니다. 자신이 잘 모르는 것은 곧바로 다른 사람에게 확인을 하지만 어지간한 일은 다들 자발적으로 판단하여 움직입니다. 최근에는 부족한 자재 발주, 저장물 재고 관리, 작물별 수확 시기 기록, 수확 작업 등 다른 일까지 해주고 있습니다. 딱 정해지지 않은 성가신 업무를 척척 처리하는 우리 농장의 이 여성들은 다른 이들로 대신할 수 없는 소중한 존재들입니다.

오후 2시. 오전에 이어 밭 작업을 재개합니다. 이날 오후의 주된 작업은 브로콜리 이식. 800주의 묘종을 심고 그루터기 주변에 물을 주고 방충망으로 완전히 덮습니다. 여름과 가을은 나방과 나비가 아주 많이 발생하는 시기입니다. 이식과 동시에 작물을 망으로 덮어 곤충이 브로콜리에 접근하지 못하게 해야 합니다. 그러지 않으면 작물에 곧바로 구멍이 숭숭 나고 맙니다.

이랑에 나는 잡초는 태양열을 이용해 제거하고 있습니다. 비닐 필름으로 지면을 한 달 정도 덮어서 태양열로 잡초를 말려 죽이는 멀칭이라는 기술입니다. 작물을 심고 나면 이랑을 방충망으로 완전히 밀폐시키기 때문에 한동안은 제초를 할 수 없습니다. 여름이면 이 지역엔 해충이 많지만 제초와 방충망 씌우기를 동시에 하는 덕분에 양배추와 브로콜리 등을 농약을 쓰지 않고도 재배할 수 있습니다.

이런 주요한 작업은 A4 한 장 분량으로 작업 설명서를 만들어둡니다. 이 설명서 덕분에 새로 온 사람이 처음 작업을 해도 해야 할 일을 대략 짐작할 수 있고, 오랜만에 작업을 해도 절차를 잊거나 건너뛰지 않을 수 있습니다.

작업 설명서는 가능한 한 초보자가 만들게 하고 있습니다. 작업에 익숙한 사람이 만들면 제대로 살펴보지 않고 그냥 지나쳐서 세세한 행동을 기록하지 않아버립니다. "이랑은 곧고 평평하게 흙을 고른다"와 같은 지극히 당연한 것을 구체적으로 기록하면 처음 그 일을 하는 사람에게 아주 유용합니다.

공학자이며 '실패학'의 제창자인 하타무라 요타로畑村洋太郎는 객

작업 설명서

양배추 정식

필요한 것: 모종, 이식기, 가늘고 단단한 나뭇가지(많이), 손쟁기, 골판지, 방충망, 싱글핀, 둥근 갈고리, 괭이, 차광막, 고정핀, 풀어내는 롤러(신품 피복재를 펼 때)	
전날까지 준비해 둘 것: 모종 상태 점검, 자재 점검	

작업 절차	주의점
모종 물주기	날씨에 따라 다르지만 1시간 전에는 완료하여 자리를 잡게 한다. 체인포트의 경우 다소 흙이 따뜻해도 무관.
통로 제초	배토 때에 거추장스러우니 미리 제초
멀칭 벗기기	1시간 전에 벗겨둔다. 날씨에 따라 물을 주는 때도 있기 때문에 판단이 필요. 특히 투명 멀칭은 표면이 건조하기 쉽다. 회수한 멀칭은 통로에 깔아야 하니 깔끔하게 걷어둔다.
모종 준비	체인포트 모종은 '132×그루 간 센티미터' 거리로 준비.
정식 위치 결정	고랑 간격을 생각하고 이식기를 시작 위치로 가지고 간다.
이식기에 모종 세팅	육묘 상자에 판을 물려 모종을 얻는다. 가장자리의 종이를 잡아 정식 위치까지 모종을 길게 늘여 나뭇가지로 고정. 흙을 조금 덮고 다시 고정한다. 진압 롤러를 내린다
이식 시작	처음에는 천천히, 흙 상태와 심기는 상태를 보고 깊이와 배토 등을 조절.
보식	남은 모종으로 결주를 보식.
손쟁기	두둑에 바싹 붙여 할 것. 그렇지 않으면 잡초가 난다.
골판지	두둑에 바싹 붙여 꽂는다. 150~160센티미터 간격으로.
방충망 치기	고랑 한가운데에 핀이 오도록 펼쳐가면서 고정한다. 되풀이하여 자재가 꼬이지 않도록. → 회수하기 쉬워진다.
괭이로 흙 덮기	고랑을 흙으로 메운다.
차광막 치기	모종 상태와 날씨를 보고 차광막 설치.
고정핀으로 고정	머리는 벗기기 쉽도록 나오게 한다. 옆 두둑과 고정핀 위치가 같게 꽂는다. → 개폐가 손쉬워진다.
통로 멀칭	회수한 멀칭비닐을 통로에 펼쳐 약 5미터 간격으로 고정핀으로 고정. 시간이 걸리면 나중에 해도 무방. 멀칭비닐 끝에 꽂지 않도록 주의.

깨달은 점, 느낀 점

· 덥지 않은 저녁 시간대에 정식
· 나뭇가지는 육묘 상자 수보다 많이 준비한다.
· 태양열을 피하는 타이밍도 생각한다. 날씨가 더운 때에 정식은 피한다.
· 등을 돌려 잡아당기기 때문에 구부러지기 쉽다.
· 작업을 빨리 진행하려면 준비가 중요. 보충하려는 시간대에 가까이 있도록 한다.
· 흙 상태에 따라 깊이, 흙 덮는 방식이 달라지기 때문에 조절이 필요.
· 육묘 상자를 바꿔 넣을 때 이식기 위를 털고 얹는다. 흙이 남아 있으면 구멍을 막아서 정식이 제대로 되지 않는다. 고랑을 내는 부분과 배토판 아래에도 잡초나 흙덩이가 쌓이므로 뭔가 이상하면 곧바로 점검한다.

관적인 실패 정보는 도움이 되지 않는다고 지적합니다. 당사자의 주관으로 기록한 정보가 아닌 제삼자의 시선에서 기록한 객관적인 정보로는 뒤를 이을 사람이 그 경험을 살릴 수 없습니다. 소송을 피하려고 만든 게 아닐까 싶을 정도로 세세한 곳까지 파고드는 가전제품의 두터운 사용설명서 같은 서술 방식은 피하고, 작업자 눈높이에 맞춰 간결하고 쉽게 설명을 해야 합니다.

실제로 우리 직원들은 다른 신규 취농자에 비해 작업 습득이 빠른 편입니다. 결과를 두고 말하는 것이긴 하지만, 개별적인 작업 기술을 몸에 익히는 데 중점을 두고 필요에 따라 전체를 연계하는 방법을 배우는 귀납적인 방법 덕분이라고 생각합니다.

오후 6시. 더위가 다소 가실 무렵 작업을 끝낸 직원들이 출하장으로 돌아옵니다. 종료 모임에서 그날의 작업 진척 상황을 서로 보고합니다. 질문이 있으면 농장장이 답하거나 숙제로 내주기도 합니다. 직원들은 그날 저녁에 먹을 채소를 손에 들고 집으로 향합니다.

유감스럽게도 업무는 여기서 끝이 아닙니다. 집에 돌아와 식사를 끝내면 그날의 작업일지 기록이 기다리고 있습니다. 이어서 내일 작업을 예습합니다. 필요한 정보는 드롭박스Dropbox나 구글드라이브GoogleDrive 등 클라우드로 공유하고 있기 때문에 곧바로 끌어다 쓸 수 있습니다.

메일 점검도 업무입니다. 대외적인 거래는 농장 대표 주소로 이루어지기 때문에 주요한 몇몇 직원도 볼 수 있습니다. 거래처 연락이나 불만 처리는 담당자가 합니다만 다른 직원들도 의무적으로 모든 이메일이며 페이스북 페이지를 훑어봅니다. 그렇게 하지 않으면 정보 그 자체는 물론 농장의 방향과 분위기도 알 수 없습니다. 진정으로 공유하고 싶은 것은 바로 눈앞에 있는 생생한 그 무엇, 뭉클하게 느껴지는 그 무엇입니다.

월요일 담당인 본즈 씨는 내일 택배에 넣을 소식지를 작성합니다. 낮에 스마트폰으로 찍은 가지 사진이 도움이 됩니다. 농장 블로그 게시물 작성이 끝나면 마침내 긴 하루 업무가 끝납니다. 얼마 남지 않은 시간 동안 그는 내년으로 다가온 독립에 대해 곰곰이 생각할 것입니다.

오늘도 할 일이 많고 고된 하루였습니다. 그래도 하고 싶은 일과 생산성 중 어느 쪽도 놓치지 않는 일과입니다. 그렇기 때문에 우리 농장에서 일하면 감이 없는 사람도 단련이 됩니다. 농업에 맞지 않는 사람은 가만두면 실력이 나아지지 않습니다. 하지만 행동이 표준화되어 있으면 배우는 게 더딘 사람도 2년째부터는 그럭저럭 요령을 익힐 수 있습니다. 반대로 말하면 1년 해도 싹이 보이지 않는 사람에게 작고 강한 농업은 무리입니다. 우리 농장에서 무리라면 몸으로 익히라고 하는 농장에서는 더욱 배우기 힘들 겁니다.

이런 방법은 경영학의 행동과학 측면에서도 타당해 보입니다. 아직은 너무나 개선할 여지가 많습니다. 기술 성취도를 객관적으로 나타낼 방법을 궁리하는 등 모두가 일하기 쉬운 시스템을 만드는 데 앞으로도 더욱 노력할 생각입니다.

7월 30일(수) 맑음 최고 33도 최저 22도

　오늘도 아침부터 피칸을 수확합니다. 수요일은 출하 작업을 하지 않는 귀중한 날입니다. 아침부터 밭 작업에 임합니다. 공심채의 두 번째 파종을 척척 해치우고 수확이 끝난 양상추, 허브류의 주변을 제초하고 멀칭비닐을 제거했습니다. 힘을 쓰는 일을 오전 중 서늘할 때 끝내버리면 일이 순조롭고 몸과 기분도 편합니다.

　그 후에는 멀칭을 하지 않은 고랑 부분을 제초합니다. 플레일모어분쇄기를 이용한 기계 제초, 로터리 작업을 깔끔히 끝낼 수 있었습니다. 더위가 절정인 시기라 몸은 힘들지만 땅거죽이 말라 있어서 잡초도 금세 마릅니다. 이날 하루 작업으로 밭이 아주 깔끔해졌습니다.

　농장장인 후시미 씨는 주문을 집계합니다. 일주일에 두 번 있는 마감일에 맞춰 음식점으로부터 주문 팩스와 이메일이 몰려듭니다. 본래 마감일은 화요일이지만 심야에 영업하는 가게들도 있기 때문에 수요일에도 주문을 처리해야 합니다. 한밤중에 주문 팩스를 보내오는 고객도 많습니다.

　이날 주문은 스물다섯 건. 이 주문들을 외부 후원자가 만들어준 집계 시스템에 입력합니다. 입력이 끝나면 내일 어디에 무엇을 얼마나 보낼지 보여주는 일람표가 자동으로 작성됩니다. 채소 종류가 서른 개가 넘기 때문에 가로세로 25×30인 표가 나왔습니다.

*

동시에 판매처별 납품서 겸 발송장, 출하 및 수확 지시서도 만들어집니다. 그 후 택배 전표를 출하하는 건수만큼 출력하면 준비가 완료됩니다.

전표 인쇄도 반자동입니다. 직접 만든 엑셀 표에 그날의 출하처를 복사해 넣으면 고객 관리 파일에서 필요한 자료를 추출할 수 있습니다. 그 자료를 컴퓨터상의 택배 전표 응용 소프트웨어에 집어넣으면 클릭 한 번에 수십 장의 전표가 출력됩니다. 꽤 자동화되기는 했지만 일련의 작업에 1시간은 걸립니다.

음식점은 팩스가 아무래도 편한지 주로 팩스로 주문을 넣습니다. 태블릿이나 컴퓨터로 주문을 받는다면 손으로 입력하는 일이 줄겠지만 아직은 시기상조인 것 같습니다. 주방에서 전자기기를 쓰고 싶지 않다는 음식점 쪽의 마음도 이해가 가기 때문에 고민입니다.

이날은 오전에 비료 제조업체 담당자를 밭으로 오게 했습니다. 가지나 피망 등 열매채소 종류에 비료가 모자라는 듯해서 조언을 구한 것입니다. 우리 힘으로 해결할 수 없는 부분은 현의 기술 담당자, 농협 지도원 등 외부의 의견을 적극적으로 받아들입니다. 쭉 살펴보게 했지만 급수관농업에 필요한 물을 대주는 데 쓰는 관을 넣는 방법, 추비작물이 자라는 도중에 주는 비료 방법 그 자체에는 큰 문제가 없다고 했습니다. "유기비료의 한계일까요"라고 담당자가 미안하다는 듯이 말합니다. 방법이 잘못되지 않았다고 하니 기분은 좋지만 별다른 해결법이 없다는 말에는 화가 납니다.

오후에 저는 도쿄로 갑니다. 우선은 인재 경영 세미나에 참석합니다. 주제는 바로 '농업법인의 인재 정착에 대해'입니다. 이런 이야기는 회사원 시절에 여러 번 들었지만 경영자 입장에서 들으면 완전히 다르게 다가옵니다. "직원에게는 좋은 부분도 나쁜 부분도 솔직하게 보여줘서 이해를 받는 것이 중요합니다"라는 말에 깊이 수긍이 갔습니다. 우리 같은 작은 회사에는 추진력을 더할 수 있는 것은 동기 부여밖에 없으니 모두가 자기 일처럼 즐기며 일하지 않으면 미래가 없음을 다시 확인했습니다.

밤에는 유기농과 관련된 큰 택배 회사인 래디쉬보야Radishbo-ya 관계자들과 의견을 교환했습니다. 자본은 대기업 수준이지만 마음은 어린이처럼 명랑한 사람들, 시대에 농락당해도 열정을 저버리지 않는 사람들의 화끈한 모임이었습니다.

8월 1일(금) 맑음 최고 35도 최저 24도

새로운 달이 시작된 우리 농장에는 결산 작업이 기다리고 있습니다. 급여 계산, 매출 집계, 청구서의 원본 파일 등을 작성합니다. 전날 니가타에 출장을 다녀왔지만 돌아오는 열차에서 어느 정도 정리를 해두었습니다. 자료를 클라우드로 관리하고 있기 때문에 어디서나 업무를 볼 수 있어서 편리합니다. 일상적인 배송 업무는 농장 담당자가 하고 있지만 긴급히 해야 할 때는 출장지에서도 대응할 수 있습니다. 그 자리에서 물건을 직접 움직여야 하는 그런 일만 아니라면 농장에 있을 필요가 없는 시스템을 갖추고 있습니다. 다 적은 인원으로 농장을 꾸려나가기 위한 대책입니다.

우리 농장은 주요 회계 업무를 외부에 맡기고 있습니다. 자료를 미리 준비하고 그 다음은 전문가에게 맡기는 것입니다. 청구서 발행과 입금 관리도 밀리지 않고 할 수 있게 되었습니다. 회사의 재무 상태를 실시간으로 파악할 수 있게 된 것도 큰 성과입니다. 사용하는 것은 드롭박스와 스카이프Skype와 스캐너뿐. 경리 정보가 전자화되어 있고 은행 계좌와 신용카드도 인터넷 서비스를 이용하고 있기 때문에 일을 외부에 맡기기 쉬운 환경을 갖추었다고 할 수 있습니다. 일류 회계 팀의 지원 덕분에 정확도가 높아졌고, 무엇보다도 안심하고 본업에 임할 수 있습니다. 떡은 떡집에 맡기라는 말처럼 잘 못하는 것은 전문가에게 맡기는 것이 제일입니다.

*

　금요일은 개인을 대상으로 한 채소 박스 출하일. 담당인 소고 씨는 아침부터 수확과 포장으로 바쁩니다. 일을 맡은 지 얼마 안 되지만 정성스럽게 일하는 것이 눈에 띕니다. 후시미 씨가 저로부터 넘겨받은 일이 다시 소고 씨에게 넘겨집니다. 인계 과정에서 누락되는 일, 보태지는 일이 반드시 생깁니다. 이런 삐걱거림이 어떤 업무를 한 사람만이 하는 일에서 누구든 할 수 있는 체계적인 일로 변화시킵니다. 사람을 통해 일을 단련하는 과정은 아주 중요합니다.

　월급쟁이면 누구나 듣는 말 중에 "일은 누군가로부터 이어받고 누군가가 이어받게 해야 한다. 어느 한 사람만 할 수 있어서는 안 된다"라는 것이 있습니다. 저는 젊었을 무렵 그 말이 싫어서 다른 사람이 할 수 없는 것을 하고 싶다며 회사를 뛰쳐나왔습니다. 그리고 사업이 자신의 인격과 일체화되어 있는 편안함, 언제든 내가 할 수 있는 홀가분함을 만끽했습니다. 처음 10년 정도는…. 하지만 그래서야 아무리 시간이 지나도 자신의 능력이 사업의 한계를 규정하고 맙니다. 다른 사람에게 넘기면 비로소 그 일의 핵심이 보입니다. 그러기 위해서라도 이어받고 이어받게 하는 것은 아주 중요합니다.

회사원 시절에는 큰 회사는 덩치만 크고 일 처리가 느리다며 불만을 가졌습니다. 하지만 지금은 '오래가는 큰 회사는 참 대단하구나' 하고 솔직히 탄복합니다. 구성원이 완전히 교체되더라도 사업이 그대로 유지되기 때문입니다. 십수 년의 시간이 지나서야 자기가 도망쳤던 일로부터 복수를 당하고 있다는 느낌이 들지 않을 수 없습니다.

이날 밭에서는 비 막이 하우스 지붕 벗기기, 파 고랑 제초, 가을·겨울 채소를 심을 밭의 준비 등이 이루어졌습니다. 오후에는 주요 직원들과 함께 밭을 둘러봅니다. 중요한 밭을 실제로 둘러보고 이런저런 이야기를 합니다. 내심으로는 '잘하고 있군' 하고 늘 감탄합니다. 하지만 직원에게는 불만만 가득한 인상으로 남는 모양이라 상사로서의 어려움을 느끼는 순간입니다. 사무실로 돌아와 작업 진행 상황, 과제 등을 서로 이야기하고 다음 주를 기약합니다.

♦ 히사마쓰농원의 겨울날

1월 15일(수) 흐림 최고 4도 최저 영하 1.3도

　새해가 되면 추위가 한층 더 심해집니다. 그때까지는 그토록 푸르던 채소들이 서리에 말라가는 것도 이 시기. 신년 휴가가 끝나고 밭을 둘러보자 채소 색이 바랜 것이 확연합니다.

　매년 이 계절에는 다카무라 고타로高村光太郎의 시, 〈완연히 겨울이 왔다きっぱりと冬が来た〉를 떠올립니다. 한겨울 아침에는 땅이 얼어 있기 때문에 할 수 있는 일이 별로 없습니다. 작업 시작 시간도 오전 8시입니다. 해가 짧은 데다 기온이 낮아서 하루에 할 수 있는 일도 한정되어 있습니다. 그런 만큼 작업을 순서대로 효율적으로 처리하는 것이 무엇보다도 중요합니다.

　이날 아침에는 나가노長野에 있는 아사히농장에서 연수를 하고 있는 이지마 씨가 체험을 하러 왔습니다. 우리 농장을 방문하는 것은 두 번째입니다. 1년 후에 독립을 목표로 하고 있는 젊은 유망주입니다. 곧바로 토란 캐기에 참여하게 했습니다. 기계로 토란 뿌리를 자르고 흙덩이를 털어 수확 상자에 넣습니다. 토란은 12월 중에 캐서 굴에 저장하는 지역이 많지만 이 지역에서는 겨울 끝 무렵까지도 밭에 둡니다. 우리 농장에서도 필요한 만큼만 그때마다 캐서 출하하고 있습니다. 오늘은 300킬로그램 정도를 캐내어 출하장으로 옮겼습니다.

　이어서 무말랭이용 무를 수확합니다. 무게 3킬로그램 이상으로

*

크게 자란 무를 스무 개 정도 뽑았습니다. 흙을 깨끗이 씻고 강판
으로 가늘게 자릅니다. 가늘고 길게 자른 무를 망 위에 얇게 펴서
말립니다. 겨울의 강한 바람과 햇볕에 노출시키면 하루 이틀이면
다 마릅니다. 달콤함과 맛의 깊이가 시판하는 것과 비교도 되지
않습니다. 신선한 재료를 제대로 가공하면 완전히 다른 물건이 되
는 것입니다. 말리면 무게가 10분의 1로 줄어버려서 아무리 만들
어도 부족합니다. 좀 더 생산성을 높이는 방법이 없을지 고민하는
중입니다.

　1시간 동안 점심 휴식을 취하고 오후에는 봄무의 씨를 뿌립니
다. 미리 깔아둔 검은 멀칭비닐에 손으로 작업합니다. 차가운 땅
에 손가락을 집어넣으면 너무나 시리지만, 그렇다고 장갑을 끼면

씨앗을 제대로 집을 수 없습니다. 그래서 장갑 앞쪽을 자르거나 얇은 고무장갑을 끼는 등 궁리를 합니다.

파종이 끝나면 보온용으로 부직포를 터널 모양으로 덮고 또 그 위에 비닐을 덮습니다. 원래 봄무는 3월에 씨를 뿌립니다. 1월인 지금 추위를 타면 꽃줄기를 내서 꽃을 피워버리고 상품으로 내다 팔 수 없게 되기 때문에 터널을 만들어 보온을 해줘야 합니다. '지금은 봄이야'라고 무를 속이는 것입니다. 비닐을 씌운 후에는 날아가지 않도록 줄을 단단히 매고 아래쪽을 흙으로 눌러 막습니다. 눈 때문에 혹한기에는 밭 작업을 할 수 없는 나가노에서는 이런 식의 재배를 잘하지 않기 때문에 이지마 씨도 눈을 반짝이며 작업을 돕고 있습니다.

오후 3시에 휴식을 취한 후에는 양파 추비, 수확이 끝난 밭 정리 등을 합니다. 오후 5시면 어두워지기 때문에 오후 휴식을 취한 후에는 어물거릴 수가 없습니다. 해가 지면 정리를 하고 5시 30분에 일을 마칩니다.

밤에는 내일 나가노로 돌아가는 이지마 씨를 위한 회식 자리를 마련했습니다. 1차로 근처의 잘나가는 중국음식점에서 건배를 했습니다. 이지마 씨는 성실하고 열성적이고 고민을 할 줄 아는 청년입니다. 불행하게도 농업에 빠져 몸부림치고 있습니다. 다행히 일본의 젊은이는 일본국 헌법 제13조모든 국민은 개인으로서 존중받는다.와 제22조누구든지 공공의 복지에 반하지 아니하는 한 주거, 이전 및 직업 선택의 자유를 지닌다.로 다 같이 고민할 권리를 보장받고 있습니다. 젊은이의 번민에 대한

재배계획표

작물	품종	밭	예정량	재식 밀도	파종 간격	사용 자재	1월					2월				3월			
							1	2	3	4	5	6	7	8	9	10	11	12	13
양배추	얼리타임	잇신	500	5330	50	2중 비닐, 무공	●	-	-	-	-		-	▼	-	-	-	-	-
양배추	마이슌	다미야	300	5230	45	방충망	-		-	-	-		-		-	-	-	-	-
양배추	미사키	잇신	650	5330	65	2중 비닐, 유공						●	-	-	-	▼	-	-	-
양배추	포인트원	잇신	350	5330	40	파오파오 비닐							●	-	-	-	-	▼	-	
양배추	마이니시키	잇신	500	5240	100	파오파오 비닐							●	-	-	-	▼	-	-	
양배추	마이니시키	잇신	500	5240	100	파오파오 비닐								●	-	-	-	-	▼	
스틱	스틱브로콜리	잇신	650	9240	130	파오파오 비닐							●	-	-	-	-	▼	-	
스틱	스틱브로콜리	잇신	650	9240	130	파오파오 비닐								●	-	-	-	-	▼	
감자	기타아카리	오하타, 서쪽	30	40										●	-	-	-	-	-	
감자	레드문	오하타, 서쪽	60	40										●	-	-	-	-	-	
감자	도우야	나카하라	80	30										●	-	-	-	-	-	
감자	도요시로	나카하라	30	30										●	-	-	-	-	-	
감자	도카치코가네	나카하라	30	30										●	-	-	-	-	-	
감자	노던루비	나카하라	20	40												●			

방해, 저해, 훼방, 간섭은 누구에게도 허용되지 않습니다.

2차로 우리 집으로 자리를 옮겨 도치기栃木 현 아시카가足利 시에 있는 코코팜&와이너리가 만든 적포도주인 Noumin Rosso를 마셨습니다. 조는 손님은 거들떠보지도 않고 논의를 격렬하게 이어가는 가운데 겨울밤은 깊어갑니다.

이처럼 하루하루의 작업은 주간 계획에 따라 이루어집니다. 그리고 주간 계획은 연초에 만드는 재배계획표를 기초로 만들어집니다. 재배계획표는 작물별로 품종, 밭, 예정량, 재식 밀도, 사용 자재 등을 기입한 일람표입니다. 말하자면 밭 설계도입니다. 기본적으로는 작년의 파종, 정식, 관리, 수확을 주 단위로 기록한 것을 토대로 만듭니다. 상단에는 각 주마다 연 단위로 매긴 일련번호가 있습니다. 예를 들어 3월 첫째 주의 번호는 '10'입니다. 해당하는 주의 열만 따로 뽑아 정리하면 앞쪽에 실려 있는 각 주의 작업계획표가 됩니다.

다품목 재배에는 이런 기본 설계가 꼭 필요합니다. 연간 50종이라고 하더라도 품종별로 따지면 120~130행이나 되고 재배 시기까지 해서 파종 1회를 따로따로 정리하면 족히 200행이 넘습니다. 1년으로 치면 이 정도로 빽빽이 적어 넣은 표가 A4로 대여섯 장이나 됩니다. 15년 동안 하고 있는 저도 모든 것을 완전히 기억하진 못합니다. 나무만 보고 숲을 보지 못하는 일이 없도록 하기 위해서라도 지도는 꼭 필요합니다. 전체 지도가 없이 하루하루를 흘려보내면 곧바로 미아가 되고 맙니다.

재배계획표는 밭에 재배할 작물들을 시간을 기준으로 정리한 것입니다. 이것을 바탕으로 각 밭에서 어떤 작물을 재배하고 있는지를 보여주는 배치도도 만듭니다. 밭 형태가 비뚤면 그림으로 나타내기는 어렵지만 구글맵 덕분에 상당히 수월해졌습니다.

작부계획 재배 작물의 종류, 순서, 조합 또는 배열 방식을 세우는 것은 참 힘든 일입니다. 물론 과거부터 축적한 자료가 있으니 제로에서 시작하는 것은 아닙니다. 하지만 작년에 재배에 실패한 것, 영업 실적, 사람의 능력 등을 고려하여 전체를 조정하는 일은 창조적이기는 하지만 속이 쓰릴 정도로 힘든 작업입니다. 음악으로 비유하자면 오

2014년 봄·가을, 다미야 배치도

1	양배추 란텐 (7/22) 5230		19	당근⑤ 라임 (8/8) 10cm 6줄
2	양배추 란텐 (7/22) 5230		20	당근⑥ 라임 (8/19) 5cm 6줄
3	양배추 란텐 (7/22) 5230		21	당근 베타글로리아 (8/19) 5cm
4	양배추 란텐 (7/22) 5230		22	당근 베타글로리아 (8/19) 5cm
5	겨자 미즈미즈시이나⑤ (9/26) 8cm		23	소송채 유스이⑤ (9/26) 8cm 6줄
6	양배추 신란① (8/7) 5230		24	양배추 신란② (8/20) 5229
7	양배추 신란① (8/7) 5229		25	양배추 신란② (8/20) 5229
8	양배추 신란① (8/7) 5228		26	콜리플라워 미세② (8/26) 5230
9	콜리플라워 미세① (8/8) 5230		27	콜리플라워 미세② (8/26) 5230
10	콜리플라워 미세① (8/8) 5230		28	콜리플라워 미세② (8/26) 5230
11	콜리플라워 미세① (8/8) 5230		29	양배추 마이미도리 (9/3) 5230	콜리플라워
12	당근④ 라임 (8/8) 5cm 6줄		30	순무 하쿠바 (8/25)	소송채 쓰야카 (8/25)
13	당근④ 라임 (8/8) 5cm 6줄		31	양배추 마이미도리 (9/3) 5230	
14	당근④ 라임 (8/8) 5cm 6줄		32	양배추 마이미도리 (9/3) 5230	
15	당근⑤ 라임 (8/8) 10cm 6줄		33	양배추 마이미도리 (9/3) 5230	
16	당근⑤ 라임 (8/8) 10cm 6줄		34	양배추 후유노마이 (9/4) 5230	
17	당근⑤ 라임 (8/8) 10cm 6줄		35	양배추 후유노마이 (9/4) 5230	
18	당근⑤ 라임 (8/8) 10cm 6줄		36	양배추 후유노마이 (9/4) 5230	

케스트라의 편곡 작업입니다. 악기별로 악보까지 다 만든 다음 연주 연습에 들어가는 것입니다. 우리 농장의 지휘자는 후시미 농장장입니다. 일을 맡은 지 이제 3년째이지만 훌륭한 지휘 솜씨를 보여주고 있습니다.

농사 작업의 언어화, 수치화는 몸으로 익히는 감이 없는 제가 어쩔 수 없이 시작한 것입니다. 언어화는 한 번에 끝나지 않습니다. 가상의 언어로 정의한 것을 실천하고 결과를 관찰해 피드백합니다. 이것을 반복하다보면 배후에 있는 법칙 같은 것이 보이기 시작합니다. 많은 자료를 모아 법칙을 끌어내면 미지의 것에 대해서도 추정과 응용을 할 수 있습니다. 회귀분석에서 쓰는 말로 하면 무엇과 무엇이 독립변수를 이루고, 그 기여율이 상대적으로 어느 정도인가를 가늠할 수 있게 되는 것입니다. 대략적으로 가늠이 가면 기여율이 높은 부분부터 정리해나가면 됩니다. 그러면 회귀식 전체가 눈에 확 들어오진 않더라도 원하는 정보를 얻을 수 있습니다. 그렇기 때문에 제가 재배 기술이 뛰어나지 않아도 농업을 할 수 있다고 자신 있게 말하는 것입니다.

그 후 알게 되었지만 언어화된 기술과 기능은 다른 사람에게 전할 때 진정한 위력을 발휘합니다. 자신을 설득하는 데 쓴 것은 다른 사람을 설득하는 데도 유효합니다. 참으로 뜻밖의 성과입니다만, 지금 생각하면 언어화를 시작하면서 무언가를 다른 사람과 공유하기 시작한 셈입니다.

물론 자신의 말을 그대로 다른 사람에게 전달해서는 안 됩니다. 위에서 말한 것처럼 전달하려고 보면 부족한 부분이 많이 보입니다. 불필요한 것이 깎여나가고 핵심적인 부분이 전달됩니다. 이론적으로는 A에게서 B에게 전달한 것은 지금은 아직 만난 적도 없는 X에게도 전달할 수 있을 터. 여러 사람의 손을 거치면서 기술이 확고해지는 것입니다.

이 이야기는 이렇게도 말할 수 있습니다. '업무가 언어에 반영되어 있다.' 누구든 업무를 할 수 있게 하는 장치가 있으면 업무가 사람이 아니라 기능으로 보이게 됩니다. 어떤 목적을 달성하기 위해 어떤 조건이 만족되어야 할지 분명해지면 누군가의 잘못으로 일이 틀어졌다는 식으로 돌려버리기 어렵게 됩니다.

예를 들어 오이에 병이 발생했다고 칩시다. 조사를 해서 통풍이 잘되지 않은 것이 이유라고 판단했습니다. 거기서 출발해서 '이랑과 이랑은 왜 이 거리로 되어 있는가?', '처음부터 그렇게 한 근거는 있었는가, 없었는가?', '좁게 할 이유가 있었다면 어떤 이유이고, 반대로 그것을 넓히면 어떤 단점이 있는가?', '알고 있었으면서 그렇게 작업하지 않은 이유는 무엇인가?' 같은 식으로 차분하게 원인을 규명하고 대책을 수립할 수 있습니다. '누가 했는가'보다도 '그 작업이 어떤 기능을 했는가'에 눈을 돌리기 쉽다는 점은 매우 긍정적입니다.

반대로 사람을 블랙박스처럼 취급해버리고 업무를 기능으로 보고 접근하지 않으면 '조심해', '잘해봐' 이상의 말을 할 수 없습니다. 우리 농장의 방식이라면 '지금 이 일이 제대로 되지 않는 것은 여기서 이런 기능이 발휘되지 못하고 있기 때문이다' 식으로 일을 파악하기가 쉽습니다. 따라서 대책을 쉽게 세울 수 있고 다음 사람에게 업무를 넘겨주기도 쉽습니다.

사람은 누구나 변하지 않는 특징을 가지고 있습니다. 따라서 사람의 능력은 단순히 우열을 논할 수 없습니다. 팀의 총체적인 힘은 한 사람 한 사람의 힘을 더해서가 아니라 각자가 다른 사람과의 관계 속에서 자신의 역할을 발견하면서 강해집니다.

저는 몸으로 익히는 감이 없는 사람이기 때문에 업무의 언어화를 시작했습니다. 그것이 사람을 육성하는 데 이어지고 결국 팀 만들기에도 도움이 되었습니다. 아직 목적지에 도착하지는 않았지만 이런 게 전화위복 아닐까요?

4장

밭에서 하는
생각들

농업은 날씨에 달린 일이라고?

"농업은 날씨에 달린 일이라 힘들겠네요"라는 말을 자주 듣습니다. 저는 마음이 삐딱해서인지 정도의 차이는 있을지언정 날씨와 관계없는 일 같은 게 있냐고 반문하고 싶습니다. 하지만 자연의 일부를 빌려서 하고 있으니 날씨의 영향을 받는 것은 사실입니다. 최근에는 폐쇄된 환경에서 하는 완전제어형 식물공장도 있지만 대부분의 농업은 자연 조건과 관계가 깊습니다.

노지에서 키우는 채소는 날씨에 더 크게 영향을 받습니다. 농부들은 규모와 실력을 떠나서 만나기만 하면 날씨 이야기를 합니다. 그리고 그 대부분은 넋두리입니다. 바로 지난주까지 "비가 안 와서 걱정이네"라고 하던 사람이 같은 표정으로 "이렇게 비가 많이 와서야"라고 투덜댑니다. 오늘도 전국 농촌에서 그런 소모적인 이야기가 오가고 있을 것입니다.

도시에서 살던 때는 날씨를 지금만큼 의식하지 않았습니다. 물론 '맑았으면 좋겠다', '춥지 않았으면 좋겠다' 정도로는 생각했지만 어디까지나 수동적인 입장이었습니다. 날씨에 따라 자신의 행동을 바꾸는 능동적인 방식을 취하게 된 것은 농업을 시작하고부터입니다.

예를 들어 당근은 파종을 한 후에 비가 어떻게 오느냐에 따라 발아가 크게 달라집니다. 비가 아예 오지 않아도 싹이 나지 않고 너무 많이 와도 또 땅이 굳어서 싹이 나지 않습니다. 그리고 싹이

나지 않으면 그해 당근 생산량은 뚝 떨어집니다. 단 하루의 비가 그해 농사에 영향을 미치는 것입니다.

밭에 물은 어떻게 주냐는 질문을 받는 경우도 있습니다. 관개 설비가 되어 있는 일부 지역을 제외하면 노지 재배는 기본적으로 빗물에 의존합니다. 우리도 여름철 열매채소 등 몇 가지를 제외하면 물을 거의 주지 않습니다. 사실 설비와 시간이 없기 때문에 못 하는 것입니다. 지금쯤은 비가 왔으면 좋겠다 싶을 때 비가 내리지 않으면 정말로 난감합니다.

여름철 당근 파종은 장마가 끝나고 열흘이 지났을 즈음에 해야 합니다. 연중 가장 비가 내리지 않는 시기이기 때문에 매년 안달복달합니다. 어느 해는 7월 말에 아주 적절한 시점에서 소나기가 왔는데, 빤히 알면서도 아이의 여름 축제 때문에 파종 기회를 놓쳤습니다. 다음 날 바싹 마른 밭 앞에서 "축제에 정신이 팔려 비를 놓쳐버렸잖아!"라고 소리를 지르고 있자니 직원이 듣고 크게 웃었습니다. 저는 매년 이 시기가 되면 비를 기다리며 초초해하기 때문에 다른 사람들이 슬금슬금 피합니다.

하지만 냉정하게 세계를 둘러보면 아시아의 몬순지대^{계절풍이 부}^{는 지대}에 속하는 일본은 비가 아주 많이 내리는 지역입니다. 일본의 연간 강수량은 세계 평균의 대략 두 배입니다. 무논에 짓는 벼 농사는 높은 기온과 풍부한 물이 없으면 할 수 없는 참으로 사치스런 재배 방식입니다. 논 면적 여섯 배 넓이의 삼림이 필요하다고 합니다. 물 때문에 애를 먹는 다른 나라들은 적은 비를 효율적으로 이용하는 방법을 연구하고 있습니다. 강수량이 일본의 3분의 1 정도에 불과한데도 다양한 방법을 짜내 농사를 짓는 중동의 이야기를 들으면 당근의 발아 따위로 안달복달하고 있는 자신이 작게만 느껴져 부끄럽습니다.

농업을 막 시작했을 무렵에는 일기 예보는 TV나 라디오로만 확인할 수 있었습니다. 지금은 전적으로 인터넷에 의존합니다. 24시간 갱신되는 기상 정보를 부지런히 확인하면서 기온이나 비바람을 예상해 농사에 반영합니다. 하늘을 보고 그날 예정을 변경하는 일도 종종 있습니다. 요즘은 민간 기상회사도 앞다퉈 다양한 정보를 내보내고 있어서 자연히 활용도가 높아졌습니다. 일기도, 레이더 자료, 풍속 및 풍향 예측 등은 온종일 계속해서 확인합니다. 장기 예보나 과거 자료 등도 손쉽게 찾아볼 수 있습니다. 참 편리한 시대입니다.

여담입니다만 초등학생인 딸은 집을 나설 때 구름이 수상하게 움직이면 "아빠, 오늘 비 와요?"라고 묻습니다. 아빠가 날씨를 정한다고 믿는 모양입니다.

바람은 불기 시작하면 어쩔 도리가 없다

바람도 농업에서 아주 중요한 요소입니다. 건물 안에서 생활하고 있으면 바람을 의식할 일이 드뭅니다. 하지만 대수롭지 않은 바람도 농업의 효율에 큰 영향을 미칩니다. 작물을 비닐과 부직포 등으로 터널을 만들어 덮어주는 보온 피복 작업은 작업일에 바람이 부느냐 아니냐에 따라 완성도가 완전히 달라집니다. 바람이 불지 않으면 적당히 해도 되지만 바람이 불면 나름 궁리를 해야 합니다. 피복을 제대로 펴지 않으면 보온 효과가 떨어지는 것은 물론 바람이 세게 불면 벗겨질 수도 있어서 그 후의 농사에 영향을 끼칩니다.

피복 작업은 바람의 세기와 방향을 확인하는 일부터 시작합니다. 작업 설명서에는 바람이 불어오는 쪽에 자재를 펼친다든지 일정 수준 이상으로 바람이 세게 불면 작업을 하지 않는다든지 등의 세세한 내용이 쓰여 있습니다. 하나하나는 사소하지만 1년을 통틀어 보면 그것이 쌓이고 쌓여 전체 생산성에 영향을 줍니다. 저는 혼자 농사를 지을 무렵 바람이 얼마나 무서운지를 뼈저리게 경험했기에 바람 앞에서는 굉장한 겁쟁이입니다.

실제로 사소한 판단 실수로 몸을 다치는 경우도 있습니다. 농업을 시작하고 얼마 안 되었을 무렵 엄청난 봄바람에 비닐하우스가 찌그러지는 것을 눈앞에서 본 적도 있습니다. 간토関東 북부에서는 매년 초봄에 바람이 거세게 붑니다. 북쪽에서 들어오는 차가운 공기와 남쪽에서 흘러 들어오는 따뜻한 공기가 부딪혀 상승 기류가 발생해 일본 부근에 온대저기압이 급속하게 발달하기 때문입니다. 태풍과도 같은 바람이 부는 경우도 드물지 않습니다. 태풍은 중심에 가까운 곳으로 갈수록 급격히 바람이 세지는 경향이 있지만 온대저기압은 그 중심에서 떨어진 곳에서도 바람이 세게 붑니다. 방심하기 쉽기 때문에 도리어 위험합니다.

구조가 단순한 비닐하우스에 최저한의 강도를 확보하려면 세우는 방법이 아주 중요합니다. 저는 그런 것을 몰랐기에 다른 사람에게서 얻은 중고 파이프를 사용해 눈동냥으로 대충 세워버리고는 '뭐야, 비닐하우스 따위 간단하잖아'라고 생각했습니다.

짓고 나서 불과 2주 후 태풍과 맞먹는 강한 바람이 마구 불기 시작했습니다. 눈앞이 보이지 않을 정도로 흙이 휘날리고 비닐하우스는 끼끽 소리를 내며 일그러지고 있었습니다. 이거 안 되겠다 싶어서 일요일이라 집에 있던 아내를 끌어냈습니다. 나무 봉으로 지지를 해야 할지 줄로 묶어야 할지도 몰랐고 목소리도 들리지 않는 강한 바람 속에서 우왕좌왕할 뿐이었습니다. 그 와중에 아내에게 비닐하우스 파이프를 손으로 누르게 하고 도구를 가지러 갔습니다.

몇 분 후에 돌아오자 아내가 "이젠 안 되겠어요!"라고 소리치고 있었습니다. 위험을 직감하고 둘이서 그곳을 벗어난 직후 눈앞에서 비닐하우스가 와지끈 하고 무너졌습니다. 그날은 어떻게 할 수도 없고 해서 맥없이 물러났습니다.

나중에 생각하니 너무나도 위험한 순간이었습니다. 자신은 물론 다른 사람까지 다칠 뻔했습니다. 다행히 아무 일도 없었으니 괜찮다고 판단한다면 그 시점에서 경영자로는 실격입니다.

이미 지나간 일이지만 무엇이 문제였는지를 따져보면, 일단은 비닐하우스 설계가 잘못되었습니다. 비닐하우스 파이프를 꽂은 간격이 너무 넓었습니다. 이 지역에서는 일반적으로 45센티미터 간격으로 비닐하우스 파이프를 꽂습니다. 저는 그 두 배 길이인 90센티미터 간격으로 꽂았습니다. 그렇게 엉터리로 세운 비닐하우스가 강한 바람에 견디지 못한 것은 당연합니다. 그때 불었던 바람을 이겨냈다 하더라도 언젠가는 무너졌을 것입니다. 다음으로 만약 비닐하우스가 바람에 견디지 못하겠다고 판단했다면 지붕의 비닐을 잘라야 했습니다. 그렇게 하면 파이프는 지킬 수 있었습니다. 그때는 막 덮은 새 비닐이 아까워서 자른다는 생각을 못했습니다. 설치 비용을 따지더라도 파이프가 망가지는 쪽이 훨씬 손해가 큽니다.

휘어버린 파이프는 치우기도 힘들었습니다. 결국 수 주 동안 방치했습니다. 지나가던 선배 농사꾼이 보다 못해 "저렇게 놔두면 기분도 좋지 않으니까 다른 일을 제쳐두고 정리하자"며 도와주었습니다. 여러 가지 의미에서 뼈저리게 공부가 된 사건이었습니다.

바람은 불기 시작하면 어쩔 도리가 없습니다. 숙련된 농사꾼이 태풍이 왔을 때 지붕을 수리하거나 논을 점검하러 나갔다가 목숨을 잃는 사고가 매년 반복해서 일어나고 있습니다. 걱정이 되더라도 일단 바람이 불기 시작하면 그칠 때까지 가만히 기다릴 수밖에 없습니다. 사전에 대책을 세워두지 않았다면 끔찍한 일이 벌어집니다.

사나운 바람이 한창 불고 있는데 당신 밭의 부직포가 날아다녀 골치가 아프니 어떻게 좀 해달라는 전화를 받은 적이 있습니다.

심지어 신세를 지고 있는 지인을 통해서 연락이 왔습니다. 달려가는 수밖에 없었습니다. 서 있기조차 힘들 정도로 강한 바람 속에서 마구 흩어져 있는 자재를 정리하는 것은 참으로 힘든 일입니다. 부직포 시트는 고작해야 폭이 2미터 정도인 아주 가벼운 천입니다. 하지만 바람을 받으면 요트 돛처럼 팽팽해집니다. 이때는 부직포를 수습하려다 몸이 통째로 차도로 날아갔습니다. 바람 때문에 몸이 상하고 작물이 망가지는 것은 제가 참으면 됩니다. 하지만 다른 사람에게 폐를 끼친다면 위험을 무릅쓰고라도 가야만 합니다. 그런 일이 없도록 하기 위해서라도 평소부터 단단히 대책을 세워둬야 합니다.

제일 골치 아픈 것은 전선입니다. 태풍이 다가오면 도쿄전력에서 나온 순찰대가 날아갈 것 같은 피복 자재를 점검하며 다닙니다. 밭에 있으면 다가와서는 펄럭대는 자재를 묶어달라고 합니다. 이쪽도 다른 일로 바빠서 "저 정도면 날아가지 않으니까 괜찮아요"라고 하면 "만약 날아가서 전선에 엉켜 합선이라도 되면 몇만 가구가 정전이 될지 모릅니다. 그렇게 되면 책임지실 겁니까?"라고 겁을 줍니다. 어떻게 그런 책임을 질 수 있겠습니까. 어쩔 수 없이 정리했습니다. 최근에는 정리하는 솜씨가 늘어 어지간한 바람에는 물건이 날아갈 일도 없지만 도쿄전력 순찰차는 가능하면 피해서 다닙니다.

강한 바람으로부터 작물을 지킬 방법이 없는가 하면 그렇진 않습니다. 돈만 들이면 방법은 얼마든지 있습니다. 비용을 회수하기 힘들 뿐입니다. 재배는 목적에 합리적으로 접근할 방법을 생각하고, 주어진 조건 아래서 가지고 있는 경영 자원을 어떻게 배분할지에 대한 게임입니다. 비용 대 효과를 생각했을 때 백 년에 한 번 올까 할 정도로 강한 태풍에 견딜 수 있는 구조물을 세우는 것은 정도가 지나친 일입니다. 태풍이 빈번한 지역인 규슈 남부에서는 여름철에는 태풍이 지나갈 때까지 아예 지붕을 벗겨두기도 합니다. 처음부터 싸우지 않는 전법인 셈입니다. 자연은 엄청난 것이라고 한탄하는 대신 피할 수 없는 위기를 어떻게 관리할지 고민해야 합니다.

바람은 여러 모로 성가시지만 꼭 필요한 존재이기도 합니다. 어떤 식물들은 바람이 없으면 꽃가루를 옮길 수 없습니다. 옥수수 등이 그 대표적인 예입니다. 옥수수 꽃가루는 바람을 타고 수백 미터나 날아간다고 합니다. 바람이 없는 비닐하우스 속에서 옥수수를 기를 경우 송풍기로 바람을 보내거나 해서 일부러 꽃가루를 날려줘야 합니다.

작물이 바람을 맞으면 줄기가 튼튼해진다는 말도 있습니다. 제가 노지 재배를 고집하는 것도 결국 이런 이유입니다. 보온 피복을 씌우더라도 도중에 벗겨서 일부러 바람을 쐬어 튼튼하게 키우는 것을 좋아합니다.

통풍도 작물이 자라는 데 중요한 요소입니다. 일본은 고온다습한 지역이라 식물이 걸리는 병이 많고 그중에서도 곰팡이 계통의 병은 헤아릴 수 없을 정도로 많습니다. 바람이 통하는 길을 확보

히사마쓰농원 심벌마크

하여 습기가 차지 않도록 하는 것도 중요합니다. 겨울이 되면 늘 만드는 무말랭이도 찬 바람이 불어야 맛이 듭니다.

대체 왜 그런지 모르겠지만 저는 농업을 시작했을 무렵부터 바람에 각별한 감정을 품고 있습니다. 연말에 수많은 종류의 겨울 채소가 힘차게 자라고 있는 밭에서 매서운 찬 바람을 쐬고 있노라면 '아아, 이 일을 하기를 잘 했구나' 하고 깊은 만족감을 느낍니다. 바람에 실린 흙과 채소의 향은 관능적이기까지 합니다. 소설 등에서 말하는 '풍요로운 바람'이 이런 것이 아닐까 생각하는 순간입니다. 살아가는 데 필요한 것이기는 하지만 때로는 본성을 드러내고, 자유를 가져다주지만 제어할 수 없는 존재. 그것이 제가 바람에 대해 품는 느낌입니다.

So Let the wind blow
바람 속에 살고 싶어라, 뺨을 부풀려라

밭에서 하는 생각들

자, 나를 묶은 모든 것을 날려버리면서

- 야마시타 다쓰로山下達郎, 〈Blow〉

바람은 우리 농장의 소중한 근본입니다. 시각디자이너 가와무라 이즈미川村泉 씨가 만든 히사마쓰농원 심벌마크의 모티프는 바람을 뜻하는 고대 한자입니다.

채소는 서리를 맞으면 맛있어진다

작물을 순식간에 망가뜨리는 재해는 태풍 말고도 우박이 있습니다. 이곳 이바라키 남부에서는 환절기인 4월부터 5월에 걸쳐 갑자기 우박이 내리곤 합니다. 이 시기에는 지면 부근은 따뜻해도 상공에는 겨울과 마찬가지로 찬 공기가 밀려옵니다. 상공에 찬 공기가 있는 상태에서 적란운이 발달하면 뇌우나 우박이 생겨납니다. 보통은 구름 속에서 얼음 알맹이가 발생하더라도 떨어지는 사이에 비가 됩니다만, 일정 크기 이상으로 커진 얼음 알맹이는 다 녹지 않은 채 떨어집니다. 이것이 우박의 정체입니다. 밭에서 작업을 하고 있다가 멀리서 우르릉거리는 소리가 들린다 싶으면 순식간에 하늘이 캄캄해지고 갑자기 우박이 떨어집니다. 맞으면 참을 수 없을 정도로 아프니 서둘러 피해야 합니다.

대개는 5밀리미터 이하인 작은 것이 20분에서 30분 정도 떨어지고 그칩니다만 10년에 한 번 정도는 큰 우박이 떨어집니다. 최근에는 2012년 5월 6일에 엄청난 우박이 떨어졌습니다. 집 안으로 피해 들어간 후 창밖을 보니 큰 것은 탁구공만 한 얼음 덩어리들이 땅바닥에 튀고 있었습니다. 한동안은 땅바닥이 얼음으로 새하얗게 덮여 있어서 밖으로 나가기가 위험할 정도였습니다.

우박이 떨어질 때는 대체로 돌풍도 함께 붑니다. 청대 완두, 소송채, 시금치 등의 잎채소는 구멍이 나고 찢겨서 엉망이 됩니다. 다행히 우리 농장은 유기농 재배를 하기 때문에 방충망을 덮는 일이 많아서 작물이 죄다 피해를 입는 일은 드뭅니다. 하지만 그냥 재배하는 평범한 농민의 밭은 전멸하는 경우도 있습니다. 2012년에는 양상추 산지 등에 큰 피해가 있었습니다. 그때 우리 집에서 불과 10킬로미터 정도 떨어진 쓰쿠바筑波 시에 회오리바람이 발생하여 시내에 막대한 피해가 발생했습니다. 대기가 얼마나 굉장히 불안정했는지 알려주는 사례입니다.

겨울이 되면 또 서리를 피할 수 없습니다. 쓰치우라土浦에는 11월 초순부터 중순 사이에 첫서리가 내립니다. 바람이 없는 아침, 밭에 나가면 찬 공기가 쫙 깔려 있습니다. 여름 동안 북적대던 밭이 가을에 접어들면 점차 차분해지고, 서리가 찾아오는 무렵에는 정적에 휩싸이는 느낌입니다.

"소송채는 서리를 맞고 난 것을 먹어라"라는 말이 있을 정도로 채소들은 서리를 맞으면 맛이 좋아집니다. 모든 것이 쑥쑥 자라는 여름과 달리 겨울에는 생육도 차분합니다. 천천히 시간을 들여 자라고 추위가 더해갈수록 맛도 응축되어갑니다. 서리는 바람이 없

*

는 맑은 아침에 내립니다. 서리가 내리기 전날에는 작업화를 신고 아름다운 석양 속에서 밭을 걷다 보면 발가락 끝이 욱신욱신 차갑기도 합니다.

서리를 맞은 채소가 달아지는 이유는 응고점 강하 현상이 일어나기 때문입니다. 응고점 강하는 물에 불순물이 녹아 있으면 동결 온도가 내려가는 현상입니다. 순수한 물은 0도에서 얼지만 소금이나 설탕을 녹이면 그보다 온도가 낮아야만 업니다. 25퍼센트 식염수는 자그마치 영하 22도가 되어야 언다고 합니다. 담수는 통째로 꽁꽁 얼어버리지만 불순물이 녹아 있는 물은 그 부분이 얼지 않기 때문에 셔벗처럼 군데군데 얼어갑니다.

식물 세포는 대부분 물로 이루어져 있습니다. 서리를 맞은 채소가 달아지는 것은 추위로부터 몸을 지키기 위해 체내의 당분을 증가시키기 때문입니다. 이런 메커니즘 덕분에 11월, 12월 무렵이면 채소 맛이 순식간에 좋아집니다. 한겨울 양배추는 잎살이 두터운 품종을 골라 추위에 충분히 노출시켜 맛을 응축시킵니다.

양배추라고 하면 채를 쳐서 생으로 먹는 것을 떠올리는 분이 많겠지만 이것은 일본 특유의 방식입니다. 양배추를 그렇게 먹는 나라는 거의 없습니다. 원산지인 유럽에는 양배추를 끓이는 요리가 많습니다. 겨울 양배추를 맛있게 먹으려면 고기 등과 함께 흐물흐물해지도록 끓여서 국물이 우러나오게 해 스프처럼 먹으면 됩니다. 12월부터 1월까지 나오는 양배추를 돼지 삼겹살과 함께 찌면 소금만 쳐도 너무나 맛있게 먹을 수 있습니다. 롤드캐비지 같은 요리를 만들어도 최고입니다.

달콤한 맛이라면 시금치도 뒤지지 않습니다. 비닐하우스에서 재배한 얄팍한 시금치밖에 못 본 분들도 많으리라 생각합니다. 하지만 잎살을 정말로 두텁게 기른 겨울 시금치가 서리를 맞았을 때 맛의 깊이는 그야말로!

최근에는 단맛이 강한 지지미시금치섬초시금치처럼 잎이 옆으로 퍼진 시금치 품종라는 품종이 유행입니다. 하지만 맛이 깊은 품종을 노지에서 서리에 맞혔을 때의 복잡하고 농후한 맛을 안다면 달기만 한 지지미시금치는 왠지 불만족스럽게 느껴집니다.

경험을 쌓아 정확도를 향상시킨다

서리를 맞히는 것도 좋기만 한 건 아닙니다. 작물이 얼고 녹기를 반복하면서 손상을 입기 때문입니다. 태평양에 면한 이바라키는 겨울철이면 건조한 지역이기 때문에 수분도 빼앗깁니다. 2월이 되면 서리 때문에 채소 표면이 점점 마르고, 먹을 때의 맛은 좋아져도 볼품은 없어집니다. 같은 간토 지방이라도 따뜻한 지역에서는 그런 일이 일어나지 않습니다. 그런 곳에서는 한겨울에도 양배추가 반들반들합니다. 그 대신 맛은 조금 떨어집니다.

서리가 언제 내리는지는 재배 시기상 중요한 요소입니다. 거꾸로 계산하면 언제까지 파종해야 할지가 정해지기 때문입니다. 예를 들면 이바라키에서 소송채는 노지에서 겨우내 딸 수 있지만 자라는 기간은 계절에 따라 각기 다릅니다. 겨우내 따려면 8월부터 차례차례 파종을 해야 합니다. 기온이 높을 때는 쑥쑥 커버리기 때문에 대략 한 달 만에 수확할 수 있지만, 수확 기간도 네댓새밖에 안 됩니다. 가을이 되어 기온이 내려가면 충분히 자랄 때까지 더 오랜 기간이 걸리고 수확 가능한 기간도 길어집니다. 기온도 낮고 낮도 짧은 12월 중순에서 1월 말까지는 생육이 거의 멈춰버립니다. 달리 말하면 초가을에는 닷새밖에 딸 수 없었던 소송채를 겨울철에는 12월부터 1월까지 두 달도 넘게 딸 수 있습니다. 단순히 계산해도 열 배 이상의 양을 파종해야만 합니다.

그럼 언제 집중적으로 파종해야 할까요. 이것이 문제입니다. 너무 빨리 파종하면 12월까지 계속 자라서 지나치게 커져버립니다. 그렇다고 해서 늦게 파종하면 2월이 되어야 딸 수 있습니다. 그러니 10월 중순에 파종을 해야 합니다만 해마다 날씨가 달라지니 그때그때 상황을 봐서 판단합니다. 돌발 상황도 생각해서 그 전후로 해서 많이 파종할 필요가 있습니다. 집중적으로 파종하는 날은 지역에 따라 상당히 차이가 납니다. 남북의 길이가 100킬로미터나 되는 이바라키 현에서는 남쪽과 북쪽의 소송채 최종 파종일이 2주 이상 차이가 납니다. 북쪽으로 10킬로미터 조금 더 떨어진 이웃 마을과도 미묘하게 다릅니다. 이웃 마을의 메이지시대 기록에서 "9월 10일에는 다른 일을 팽개치고 가족이 모두 나가 무씨를 뿌렸다"라는 글귀를 본 적이 있습니다. 당시에는 파종에 겨울 한 철 생활이 걸려 있었던 것입니다.

지금도 교과서에서 파종일을 살펴보면 '온난한 지역에서는 ○월 하순'이라는 식으로 대략적인 숫자만 나와 있습니다. 결국 자료를 모아 자신의 지역에 맞춰 조절하는 수밖에 없습니다. 몇 월 며칠에 뿌린 것은 언제 수확할 수 있었다고 5년 정도 기록을 하면 대략적인 경향을 파악할 수 있습니다.

또한 날씨는 종종 예상과 다르게 움직이니 생각대로 되지 않을 때의 대처도 중요합니다. 제철의 노지 재배는 기본적인 기술은 아주 단순하기 때문에 경험을 쌓더라도 비약적인 혁신은 바랄 수 없습니다. 하지만 상황이 좋지 않을 때에 나름대로 어떻게 해보는, 즉 밀어붙이는 기술은 해마다 늘어납니다. 골프로 이야기하면 드라이브 비거리가 늘지 않더라도 어프로치샷을 연마하여 전체의 정확도를 향상시키는 것과 마찬가지입니다.

사람이 할 수 있는 일에 집중한다

'이러쿵저러쿵 해도 결국은 기후에 달린 일 아닌가.'

그런 생각을 하실지도 모르겠습니다. 말 그대로입니다. 미야자와 겐지宮沢賢治. 일본의 동화작가이자 시인가 시에서 "가뭄 때는 눈물을 흘리고 냉해인 여름엔 허둥지둥 걷는다"라고 한 20세기 초반과 거의 다를 바가 없습니다.

그것이 불행인가 하면 그렇게는 생각하지 않습니다. 분명히 자연은 잔혹합니다. 파종을 하고 네 달이나 정성을 들인 가지가 수확을 개시하자마자 때 아닌 태풍으로 엉망이 된 날에는 '내가 전생에 무슨 죄를 지었나? 정말 열심히 했는데!'라고 하늘을 원망하고 싶기도 합니다. 자연은 이따금 이유 없는 재앙을 내립니다.

하지만 한 발짝 뒤로 물러서 생각하면 정말 열심히 했는지 어떤지는 이쪽 사정입니다. 그런 것과 상관없이 태풍은 모두에게 평등하고 공평하게 옵니다. 자연은 '이 녀석은 정말 열심히 하고 있으니 봐주자'라는 식이 아니어서 오히려 좋습니다.

가난하지만 마음씨 고운 노부부가 길가의 지장보살에게 삿갓을 씌어주어 그 은혜를 보답 받는 옛 이야기가 있습니다. 그처럼 부지런한 사람은 신의 도움을 받는다고들 합니다. 이해하기 쉽고 교육적인 내용입니다. 하지만 자연의 본질과는 동떨어진 이야기라고 생각합니다. 자연은 사람을 고르거나 하지 않습니다. 같은 사람을 두고 온화하기도 하고 심술궂기도 합니다. 뭘 어떻게 하자는 식으로 생각하질 않습니다.

"이 녀석은 좋은 녀석이니까 특별히 봐주자"는 것은 사람에게나 통하는 이야기입니다. 그런 예는 회사원 시절에 많이 보았습니다. '인사라는 것이 어지간히도 의리와 인정에 관계된 일이구나' 하고 생각했습니다. 반대로 상사에게 미움을 받는 부하는 불합리한 일을 겪습니다. 자연은 그런 짓을 전혀 하지 않습니다. 자연은 부조리하기는 해도 불합리하지는 않습니다. 그리고 저는 불합리보다는 부조리 쪽에 수긍이 갑니다.

자연재해에는 대책을 세울 수 있습니다. 2013년에는 간토, 고신에쓰甲信越 지방이 폭설에 타격을 입었습니다. 그중에서도 사이타마埼玉와 야마나시山梨 등은 백 년에 한 번 오는 대설이라고 할 정도로 많은 눈이 내려서 농업에 심대한 피해가 발생했습니다. 지역에 따라서는 대부분의 비닐하우스가 무너지고 말았습니다. 하지만 그런 와중에도 밤새 눈을 치워서 자신의 비닐하우스를 지킨 사람도 있었습니다. 그런 사람은 그때만 어쩌다 분발한 것이 아니라 언제든 대비하는 자세를 가지고 있었다고 생각합니다. "농사 규모가 작으니까 가능했겠지"라고 말하기는 쉽습니다. 그렇지만 태어나서 처음 겪는 엄청난 눈에 대처하는 냉정한 판단과 기술에 저는 감명을 받았습니다.

'사람이 하는 일이 3할, 하늘이 하는 일이 7할'이라는 말이 있습니다. 흔히 '진인사대천명'이라고도 합니다만, 인간이 노력하면 뭐든지 대부분은 해낼 수 있다는 그 말이 사치스럽게 느껴져 저는 그다지 좋아하지 않습니다. 농업을 하는 저로서는 실감이 나지 않는 말입니다. 거역할 수 없는 자연의 힘 앞에는 고도의 기술로 무장한 식물 공장도 바벨탑으로만 여겨집니다.

그럼 자연에 대한 도전은 허용되지 않느냐 하면 그렇지는 않습니다. 궁리의 여지는 있습니다. 재해를 피할 수는 없지만 대비를 할 수는 있습니다. 지는 경우도 많지만 합리적으로 접근하면 이기는 경우도 있습니다. 결과가 아니라 과정에 얼마나 충실히 대응했느냐가 중요합니다. 상대가 태풍이더라도 싸울 각오가 있다는 식의 마음가짐. 그것이 저에게는 너무나도 매력적입니다.

"농업은 날씨에 좌우되어 힘들겠습니다"라고 말하는 사람은 아무리 열심히 해도 사람이 하는 일이 3할뿐이라니 어이가 없다고 생각할지도 모릅니다. 하지만 3할밖에 관여할 수 없으니 오히려 그 몫만큼은 완벽하게 해내자는 식으로 생각해야 농업은 지적이고 할 만한 가치가 있는 일로 빛을 발하기 시작합니다. 결과가 불안정하니 나랏돈으로 보상을 받고자 하는 것은 인간의 무한한 가능성을 경시하는 생각입니다. 저는 그런 생각을 가지고는 도전정신을 기를 수 없다고 생각합니다.

자연식 '이라서' 맛없는 게 아니다

유기농으로 농사를 짓는 사람은 평소에 무엇을 먹느냐는 질문을 받을 때가 있습니다. 젊었을 때는 '그게 무슨 상관이야. 나는 채소를 파는 사람일 뿐이라고!'라는 식으로 짜증을 냈습니다. 하지만 지금은 그렇게 묻는 것도 당연하겠다 싶어 그 질문에 답하기도 합니다.

제철 채소가 1년 내내 있기 때문에 우리 집에서는 채소를 사다 먹지 않습니다. 제가 재배하지 않는 생강, 연근, 과일류 등은 아는 사람 혹은 생협에서 사고 있습니다. 아직 쌀농사는 짓지 않습니다만 아는 사람에게서 쌀을 살 수 있기 때문에 곤란하진 않습니다. 고기는 주로 축산 농가에서 직접 판매하는 돼지고기를 먹습니다. 그 밖의 조미료나 마른반찬 등은 주로 생협이나 슈퍼마켓에서 구입합니다.

유기농 농부라고 해도 식생활에 대해 특별한 원칙은 없습니다. 하지만 결과적으로 채소를 많이 먹는 건강한 식사를 하고 있습니다. 아내가 요리를 잘하기도 해서 집에서 먹는 밥이 제일 맛있고 질리지도 않습니다. 외식도 자주 합니다. 평범하게 라면이나 햄버거도 먹습니다. 최근에는 강연 등의 이유로 외출을 많이 하기 때문에 시간이 없으면 편의점 삼각김밥을 먹기도 합니다.

두 딸은 이것저것 가리지 않고 뭐든지 잘 먹습니다. 아이가 채소를 먹지 않아 애를 먹는다는 이야기를 자주 듣습니다만 그런 고민은 전혀 하지 않아도 될 정도입니다. 밭에서 마음대로 채소를 따서 덥석 먹기도 합니다. 여담입니다만 둘 다 벌레를 전혀 무서워하지 않습니다. 자주 봐서 그런 모양입니다. 밭에서 잡은 벌레를 어린이집에 가지고 가서 큰 소동을 일으키기도 합니다.

제가 재배하고 있는 채소를 일부러 가족에게 먹이려고 하지 않아서인지 깜빡 집에 가져가는 걸 잊기도 합니다. 일을 할 때는 매일 밭 동향을 점검하고 "○○가 상태가 좋습니다!"라는 정보를 거래처에 알려줍니다. 하지만 출하가 시작되고 몇 개월이 지나고 나서야 "오우라大浦. 우엉의 품종명 우엉이 있다던데 우리 집에는 안 가지고 와요?"라는 말을 아내에게 듣기도 합니다. "아, 내가 말 안 했나요?" "페이스북에서 봤어요." 이런 식으로 콩트 같은 대화를 주고받습니다.

회사원으로 도시에 살았을 무렵엔 오히려 음식에 고집을 가지고 있었습니다. 유기농 채소 택배 서비스도 이용했습니다. 처음에는 '대지를 지키는 모임'에서, 이후로는 래디쉬보야에서 샀습니다. 처음 채소를 택배로 받았을 때는 뿌리채소 맛이 진해서 깜짝 놀랐습니다.

소위 자연식에도 흥미를 가져서 이번에는 장수 식사법이다, 채소식이다, 잡곡식이다 하며 빠진 시기도 있었습니다. 1990년대는 환경 문제가 주목을 받는 가운데 어떻게 먹어야 할지에 대해서도 관심이 높아지던 시기였습니다. 도시 생활자는 음식을 다른 사람에게 의존하는 만큼 불안에도 빠지기 쉬운 법입니다. 저도 그중

한 사람이었습니다. 농업에 관심을 가진 계기 중 하나도 먹거리였습니다.

그런 문제의식에서 출발했기 때문에 음식을 즐긴다기보다는 어딘가 잔뜩 긴장해서 불안해하는 식생활이었습니다. 일반적인 식생활은 잘못되어 있으니 올바른 식생활을 습관화해야 한다고 생각했던 시기도 있었습니다. 고기는 되도록 먹지 말아야 한다느니 설탕은 몸에 나쁘다느니. 지금 생각하면 입만 놀리고 고집을 피웠습니다.

그런 식생활을 실천하는 가운데 든 의문도 있었습니다. 예를 들면 맛있는 현미가 있고 맛없는 현미가 있나 하는 점입니다. 저는 어렸을 적부터 이바라키의 외조부모님이 보내주시는 쌀을 먹었는데, 그 쌀이 참 맛있었습니다. 때문에 쌀이 맛있는 건 너무나 당연한 일이라고 쭉 생각했습니다. 쌀 맛을 의식할 기회가 사회인이 될 때까지 없었던 것입니다.

관심을 가졌던 그 무렵의 저에게 유기농 현미는 올바른 쌀, 맛이 없으면 안 되는 쌀이었습니다. 직장에서 "현미를 먹고 있습니다"라고 말하면 50대, 60대인 사람들은 모두 얼굴을 찌푸리며 "현미는 맛없잖아!"라고 되받고는 "그런 맛없는 것을 좋다고 먹다니, 자연식이란 건 정말이지 편협한 생각이야"라고 마음의 문을 닫고 말았습니다. 저는 자연식 신봉자였기 때문에 '흥, 아무것도 모르면서!' 정도로 생각했습니다.

그러면서도 약간 저를 되돌아보았습니다. 솔직히 맛없다 싶을 때가 있다고. 얼마 안 있어 유기농 쌀이라 해도 물건에 따라 그 맛이 상당히 다르다는 것을 깨달았습니다. 그래서 맛없는 현미는 쌀 그 자체의 질이 떨어지는 게 아닐까 생각했습니다. 그리고 역시나 "맛없다"라고 말하는 사람들이 먹은 것은 현미냐 아니냐를 떠나 맛없는 쌀이라는 것을 확인했습니다. 밥을 짓는 방법 하나만 하더라도 현미는 물을 잘 빨아들이지 않기 때문에 물 조절을 잘못하면 퍼석퍼석해서 먹기가 힘듭니다. 애초에 맛이 없는 현미를 잘못된 방법으로 밥을 지어 먹으면 비참하기 그지없습니다. 현미라서 맛이 없었던 건 아니겠지만 체험에 선입견이 엮이는 건 드문 일이 아닙니다.

체험한 어떤 것을 잘못된 원인과 엮어버리는 일은 누구에게나 흔히 있습니다. 원인관계와 상관관계의 혼동입니다. 예를 들어 아침밥을 먹는 아이 쪽이 성적이 좋다는 말이 있습니다. 이 말을 두고 아침밥을 먹으면 성적이 오른다고 받아들이는 사람도 있습니다만 잘못된 생각입니다. 우연일지도 모르고, 원래 매 끼니를 잘 챙겨 먹는 규칙적인 생활을 할 정도의 여유가 있는 가정이라 아이의 공부에 신경을 쓸 수 있는 것인지도 모릅니다. 생활습관 중 아침밥만이 성적에 직결되어 있는지 어떤지는 아침밥과 성적의 통계만으로는 알 수 없습니다. A와 B라는 두 가지 일에 상관관계가 있는 것과 'A이기 때문에 B다'라는 인과관계가 성립하는 것은 전혀 별개의 문제입니다.

"현미'라서' 맛없다."

"유기농'이라서' 맛있다."

둘 다 잘못된 인과관계를 내세운 예입니다. 사물을 논리적으로 파악하는 훈련이 되어 있으면 바로 의문을 품을 이야기입니다. 건강식품이나 민간요법을 두고 일부러 이런 말장난을 이용하는 사람도 있기 때문에 주의해야 합니다. 일단 저는 속아 넘어간 쪽이 잘못했다고 생각합니다만, 제가 소중히 여기는 유기농의 가치는 그런 말장난과는 다르기 때문에 관련한 이야기를 들을 때마다 제 입장을 언급하고 있습니다.

저 자신도 '자연식이기 때문에 맛있고 몸에 좋다', '유기농 채소니까 맛있고 환경에도 좋다'고 믿어서 식생활을 바꿨었습니다. 하지만 시원하게 풀리지 않은 의문을 품은 채 농업의 세계로 들어왔습니다. 그리고 진정한 맛을 만나고서야 오랫동안 품었던 의문이 얼음 녹듯 사라졌습니다.

중요한 건 채소의 맛이다

농가의 식탁이 모두 채소로 넘치는가 하면 그렇지는 않습니다. 이바라키에 있는 연수처에서는 밖에서 사온 채소와 절임 등도 많이 먹었고, 자기 집에서 먹을 채소는 가능한 한 직접 재배한다는 의식도 특별히 없었습니다. 삼대가 같이 사는 집이라 세대에 따라 음식 취향이 달라서 짜낸 절충안이었는지도 모릅니다. 하지만 쌀은 충분히 있는 데다 맛있었고, 채소도 많이 얻을 수 있었기 때문에 식재료를 구하느라 애먹을 일은 없었습니다. 저도 연수 중에는 식생활의 풍요로움에 감격했습니다. 토마토가 나오는 철이면 워낙에 토마토가 남아돌아서 매일 다 먹지 못할 정도로 싸가곤 했습니다.

지금도 인근의 벼농사를 짓는 집들을 보면 집에서 먹을 채소를 아주머니가 조금씩 재배하는 경우가 많습니다. 하지만 솜씨와 열의가 제각기 다르기 때문에 그다지 맛있어 보이지 않는 채소도 쉽게 볼 수 있습니다. 농부들이 모두 채소 맛에 민감하다고는 할 수 없습니다.

종묘상과 농부가 나누는 이야기를 들으면 그 일면을 확인할 수 있습니다.

"무 품종은 뭐가 좋지요?"

"집에서 드실 건가요?"

"네. 그리고 남으면 직판장에 내다 팔려고요."

"다른 분들은 이걸 재배합니다만."

그래서 결국 권하는 품종은 맛 측면에서 보면 '음, 과연?' 하는 의문이 드는 것들입니다. '모양이나 수량은 신경 쓰지 않아도 되니까 좀 더 맛있는 품종을 재배하면 좋을 텐데' 하는 생각이 듭니다만 품질 자체를 따지지 않는 것 같습니다. 집에서 채소를 재배하는 사람에게도 종묘상이 같은 식으로 권해서 고개를 갸웃하는 경우도 있습니다.

앞에서 말한 대로 채소 맛을 결정하는 요소는 재배 시기, 품종,

선도입니다. 제철에 맛있는 품종을 재배해 갓 따서 먹으면 대체로 맛있습니다. 농업 관계자들도 모두 어렴풋이 알고는 있지만 공통된 인식으로까지는 자리 잡지 못하고 있습니다. 직접 먹을 채소나 가정에서 기르는 채소는 제철에 재배하는 것이 대부분입니다. 말하자면 재배 시기와 선도는 딱 좋습니다. 맛있는 품종만 고르면 됩니다. 종묘상이 그런 충고를 해줬으면 합니다만 현실은 좀처럼 바뀌질 않습니다.

슈퍼마켓 앞에 보란 듯이 진열된 색이 좋은 시금치 품종이나 가게 앞에서 며칠이고 반들반들하게 보이기 좋게 껍질이 딱딱한 가지 품종 등은 집에서 먹기에 적합하지 않습니다. 하지만 실제로는 농부 스스로 그런 맛없는 품종을 재배해서 먹는 경우도 많습니다. 농부들은 모두 맛있는 채소를 먹으리라는 것은 도시 사람들의 환상입니다.

제 경우에는 평소에 먹고 있는 채소가 맛있는 탓에 식당에서 채소나 쌀에 감동하는 경우는 드뭅니다. 오히려 메인 요리인 고기나 생선이 맛있을수록 채소가 맛이 없으면 기분을 망칩니다. '너무하네. 채소 값이 얼마나 한다고' 하는 생각이 들고 맙니다. 애초부터 앞에서 서술한 것처럼 농부일지라도 재배의 어느 요소가 맛에 기여하는지 의식하지 않는 사람도 있으니 음식점만을 탓하는 것은 가혹할지 모릅니다. 반대로 가게에서 맛있는 채소를 만나면 득을 본 기분이 듭니다.

지금 일본에 특별히 문제를 삼을 정도로 맛없는 채소는 별로 없

*

습니다. 하지만 '와!' 하고 감탄할 정도로 맛있는 경우도 많지 않
습니다. 이 점이 음식의 어려운 부분입니다. '맛없지는 않다'와
'와!'의 차이는 작은 것 같지만 큽니다. 그 차이를 메우는 것이 작
고 강한 농업이 해야 할 일입니다.

한편으론 집에서 먹을 채소를 밖에서 사지 않으니 각 채소는 밭
에서 딸 수 있는 제철에만 먹을 수 있습니다. 평범한 사람들은 한
해 내내 토마토를 먹겠지만 저희 농장에서 토마토를 딸 수 있는
시기는 6월 중순부터 8월까지 약 두 달뿐입니다. 벌써 15년이나
농업을 하고 있지만 6월에 빨갛게 물든 첫 토마토를 발견해서 덥
석 무는 기쁨은 각별합니다. 음력 7월 보름이 지나 토마토 수확이
끝나면 매번 아쉽지만 벌써 질릴 정도로 많이 먹었고 다른 먹거리

도 잔뜩 있으니 따로 살 정도는 아닙니다. 다른 곳에서 사는 데 딱히 반감은 없지만 솔직히 그렇게까지 먹고 싶지는 않습니다.

그만큼 어쩌다 유혹에 끌려 사봤는데 맛이 없었을 때의 상처도 큽니다. '어째서 내년까지 기다리지 못한 거지' 하고.

채소는 몸에 좋으니까 먹으라고?

조금 다른 이야기이지만 세상 사람들이 채소를 먹는 방법이나 먹게 하는 방법에 대해 생각하곤 합니다. 대부분의 사람들은 채소가 맛있어서 먹질 않는 것 같습니다.

부모님이나 선생님이라면 모두 아이가 채소를 먹어주길 바랄 것입니다. 식생활 교육이라는 말이 유행하고 있는 것도 그 때문이 아닐까요. 하지만 뜻대로 되는 경우는 많지 않습니다. 급식만 봐도 그렇습니다. 제 아이가 다니는 초등학교에 가면 '남기지 말고 먹읍시다'라는 표어가 교실에 붙어 있습니다. 그만큼 남기는 아이들이 많다는 뜻이겠지요.

저도 급식에 그다지 좋은 추억이 없습니다. 딱히 음식을 가려 먹는 편은 아니었지만 어쩌다 못 먹는 것이 있어서 선생님에게 꾸중을 들으면 나쁜 짓을 한 것 같아서 침울해하곤 했습니다. 기억에 남는 것이라면 초등학교 3학년 때에 정말 맛이 없는 계란말이를 점심시간에 혼자 남아서 억지로 먹은 일입니다. 신경질적인 여자 선생님이 쏘아보고 있어서 급식을 앞에 두고 수십 분 동안 고개를 숙이고 있었습니다. 괴로운 일이었습니다.

자세히 기억하진 못합니다만 당시의 급식은 애초에 별로 맛이 없지 않았나 싶습니다. 영양을 고려한 식단이라는 점은 인정합니다. 하지만 어린애가 싫어하는 음식을 때로 남기는 것은 나쁜 일이 아닙니다. 어른들도 수백 명, 수천 명이 같은 식단을 두고 맛있다고 감탄하며 먹는 일은 거의 없습니다.

어느 학교든 반에는 몇 명인가 음식을 빨리 먹는 사내애가 있습니다. 매번 급식을 날름 비우고 결석한 아이의 몫인 빵이며 우유도 빼앗듯 먹는 약간 뚱뚱한 아이. 그런 아이들은 모범생이라고 칭찬을 받곤 합니다. 하지만 요즘 와서는 뭐든지 마구 먹어치우는 아이들은 맛에 둔감한 게 아닐까 하는 생각도 듭니다.

먹기 싫어하는 음식을 억지로 먹이는 게 무슨 의미가 있습니까? 그렇게 음식을 먹은 아이는 보통은 학교를 졸업하면 이런 것은 두 번 다시 먹지 않겠다고 생각할 겁니다. 실제로 저는 좋아했던 것은 하나도 떠올리지 못하면서 그때 그 계란말이의 단내와 여자 선생님의 얼굴은 지금도 기억합니다.

급식에 한정된 이야기는 아닙니다. 어린애가 채소를 싫어하는데 몸에 좋고 영양가가 높다고 해서 억지로 먹이는 것은 채소를 먹어줬으면 하는 쪽인 어른에게도 좋은 방법이 아닙니다. 대부분의 농부들은 기본적으로 맛있는 채소를 키우고 싶어 합니다. 채소를 싫어하는 아이에게 엄마가 "농사를 지으신 분들에 대한 예의가 아니니까 참고 먹어!"라고 말한다고 해서 기뻐할 농부는 별로 없습니다. 저도 "우리 애는 채소를 싫어해서 잘게 잘라 햄버거에 넣어 먹이고 있어요"라고 자랑스럽게 말하는 어머니를 보고 쓴웃음을 지은 적이 있습니다. 즐길 수 없는 식사가 무슨 의미가 있을까 생각하게 됩니다.

미각 컨설턴트인 간 신타로曾慎太郎 씨의 말에 따르면 아이가 먹은 적 없는 것을 입에 넣으려 하지 않는 것은 생명체로서의 본능이라고 합니다. 먹는 행위는 이물질을 몸속에 집어넣는 것이기 때문에 애초에 심리적 저항이 매우 큽니다. 그렇기 때문에 사람은 무언가를 먹기 전에 안전을 확인하는 행동을 취합니다. 처음 접한 음식물을 잘 살펴보고 냄새를 맡아보기도 하는 것은 지금까지 먹어본 적이 있는 것과의 유사성을 찾아내려 하는 행위입니다. 그렇게 '미각'을 획득하는 과정은 대단히 중요합니다. 그 과정에서 억지로 음식을 먹이거나 화를 내면 부정적인 인상이 강하게 남고 맙니다.

"영양분을 골고루 섭취해야 하니 뭐든 참고 먹어라", "아까우니까 남기지 말아라"는 식의 식생활을 간 신타로 씨는 좌뇌적 식생활이라고 합니다. 이런 방법으로는 효과가 오래가지 않습니다. "이거 정말 맛있네!" 하는 것이 우뇌적 식생활 방식입니다. 우뇌적 식생활을 하는 쪽이 교육 효과가 훨씬 큽니다. 일리 있는 이야기 아닙니까?

특별히 아이들에게 한정된 이야기는 아닙니다. '무농약 채소니까 안전, 안심', '비타민이 열 배인 기능성 채소'와 같은 좌뇌적 식

*

생활을 하는 사람이 얼마나 많습니까. 채소를 맛있게 먹어줬으면
하는 농부 입장에서 그런 주장은 하고 싶지 않습니다. 좌뇌에 억
지로 떠넘겨봐야 식욕이 생기지는 않습니다.

　채소를 먹을 때도 아무런 생각 없이 그저 이 채소를 먹고 싶다
는 식욕을 가져줬으면 합니다. 제가 채소 광고 문구로 쓰고 있는
'관능적인 맛'에도 그런 뜻이 담겨 있습니다.

채소를 가장 사랑하는 건 키운 사람이다

재배계획을 세운 뒤 씨를 뿌리고 모종을 심고 날씨에 가슴 졸이다 수확을 맞이합니다. 한숨을 돌리는 것도 잠시, 출하에 쫓기다 보면 눈 깜짝할 사이에 한 해 농사가 끝납니다. 재배하는 채소마다 이렇게 되풀이하는 것이 우리의 일상입니다. 모든 것이 순조로운 해는 없습니다. 오히려 생각대로 되지 않는 일투성이입니다. 수확한 채소를 먹어봤는데 맛이 없으면 낙담이 너무나 큽니다. 그럴 때는 같은 일을 하는 사람들에게 상태를 물어보고 마찬가지로 작황이 좋지 않다고 들으면 역시 기후 탓이구나 싶어 마음이 놓입니다. 반대로 다른 곳에서는 괜찮다는 말을 들으면 내 실력이 부족하다며 침울해합니다. 그런 일을 1년 내내 반복하고 있습니다.

미야자와 겐지의 시 〈비에도 지지 않고雨にも負けず〉 중 한 구절이 이런 마음을 읊은 것이 아닐까요.

가뭄 때는 눈물을 흘리고
냉해인 여름엔 허둥지둥 걷는다

채소를 고객에게 판매하면서 이런 마음도 함께 전했으면 합니다. 실제로는 좋은 일도 나쁜 일도 자연스럽게 전달되어버리는 편에 가깝습니다만.

그래서 고객도 기뻐하기도 하고 낙담하기도 합니다. 맛있었다는 말을 들으면 우리도 물론 기분이 좋습니다. 하지만 상품이 호평을 받았다는 이유만은 아닙니다. 수확의 기쁨을 공유할 수 있었기에 기쁜 것이기도 합니다. 작황이 좋지 않았을 때 맛없다는 말을 들으면 물론 죄송할 따름이지만 재배한 우리도 고객과 마찬가지로 유감스러운 것이 솔직한 마음입니다.

제가 생각하는 생산자와 고객의 밀접한 관계란 채소 꾸러미에 얼굴 사진이 실려 있는 것도 IC태그로 재배 공정을 추적할 수 있는 것도 아닙니다. 좋든 나쁘든 채소 너머에 그것을 재배한 사람이 보이는 것입니다. "생산자의 그런 태도는 전문가로서 바람직하지 않다"는 말도 듣습니다만 그렇게 생각하는 고객은 자연히 멀어집니다. 그것이 사업 측면에서 좋은지 나쁜지 저로서는 알 수 없습니다. 그렇지만 절차를 지키면서 마구 경계를 긋는 것보다는 무슨 일이 있었을 때 직접 사과할 수 있는 범위에서 일하는 쪽을 좋아합니다. 거짓말이나 과대 포장은 오래가지 않습니다.

이런 일이 있었습니다. 제가 아는 한 편집자는 직접 요리도 하는 분인데 채소를 정말 좋아합니다. 처음 만났을 때 채소 이야기로 분위기가 달아올라서 그럼 한번 보내주겠다고 했습니다. 먹고 나서는 "어느 채소든 정말 맛있고 평소에 백화점에서 사는 것과 많이 다르네요. 그런데 새삼 이번에는 '애써 보내주신 채소니까 이런 요리가 괜찮을까' 하고 이리저리 고민하게 됩니다." 확실히 우리 고객은 "자, 왔구나. 어디 상자를 열어볼까" 하고 자세를 취합니다. 직접 키우고 있는 우리들도 생각 없이 그냥 먹지 않고 채소의 상태가 어떨까 먼저 생각하고 먹습니다. 맛있을 때의 기쁨도 맛없을 때의 실망감도 클 수밖에 없습니다.

결혼 피로연에서 신부 아버지가 눈물을 흘리며 "우리 딸이 아기였을 때부터 쭉 봐왔기에 오늘 너무나 기쁩니다"라고 말하는 모습을 자주 봅니다. 마찬가지로 우리도 채소를 키우는 모든 과정에 관여하기에 채소가 맛있게 자라면 한층 기뻐합니다. 고객이 아무리 기뻐해도 우리 채소를 가장 좋아하는 사람은 우리 자신입니다. 그 기쁨의 일부를 고객과 나누고 싶다는 마음이 우리가 만드는 채소의 맛에 반영되어 있다고 생각합니다.

시간은 미래에서 과거로 흐른다

"지금의 사장님이 취농하려던 당시의 사장님을 만난다면 어떻게 할까요?"라는 질문을 받았다는 이야기는 앞서 했습니다. 그때 저는 잠시 생각하고 나서 이렇게 답했습니다.

"너는 농업에 적합한 사람이 아니니까 하지 말라고 강하게 말릴 겁니다. 어쩌면 너무 철딱서니가 없어서 한 대 쥐어박을지도 모르지요. 하지만 옛날의 저는 지금의 제 말에 귀를 기울이지 않을 것 같네요."

지금의 기억을 그대로 가지고 옛날로 돌아가는 바람은 누구나 가진 적이 있으리라 생각합니다. 저도 젊었을 때는 늘 그렇게 생각했습니다.

"쓸데없는 말을 해버렸다. 그때로 돌아가 고치고 싶다."

"그때 그 학교를 요행수로 노렸으면 합격할 수 있었는데."

그렇게 생각하는 사람이 많기 때문에 시간 이동을 다룬 이야기가 끝없이 나오는 것이겠지요. 저 역시 중학생 때 쓰쓰이 야스타카筒井康隆의《시간을 달리는 소녀時をかける少女》와 데즈카 오사무手塚治虫의《더 크레이터》에 수록된〈대성공의 계절大あたりの季節〉등에 흠뻑 빠졌었습니다. 여담입니다만《시간을 달리는 소녀》와의 만남은 원작보다 중학교 1학년 때 본 영화가 먼저입니다. 30년이 지난 지금도 '그때로 돌아갔으면' 하는 생각만 하면 하라다 도모요原田知世, 영화《시간을 달리는 소녀》의 주연을 맡았던 배우의 얼굴이 떠오릅니다. 어린 시절의 체험은 이토록 중요합니다.

이야기가 빗나갔습니다만 농업을 시작하고서도 실패할 때마다 '그때 이렇게 했으면 좋았을걸, 이렇게 하는 게 아니었는데'라고 후회했습니다. 물론 '농업을 하는 게 아니었는데'라고 생각한 적도 수백 번이나 있습니다. 과거의 실패를 떠올리는 것은 참으로 고통스런 일입니다. '슬프다', '분하다', '도저히 못 참겠다' 같은 부정적인 감정이 잇달아 일어나고 스스로를 탓합니다. 다른 사람에게 이야기를 해도 사라지지 않습니다. 심할 때는 푸른 하늘이 잿빛으로 보일 정도로.

그런 고통은 일상생활에도 지장을 줍니다. 금세 나쁜 기분을 털어버리는 사람이 부럽습니다. 하지만 그런 사람은 원래 큰 실패 같은 건 하지 않는 재주 있는 사람인 게 분명하다는 식으로 점점 생각이 비굴해집니다.

'이것은 시련이다. 나는 시험을 받고 있는 거야. 마음을 굳게 먹고 극복해야지!' 왠지 대견한 말처럼 들립니다만 억지로 힘을 내려 하는 짓입니다.

그런 일을 반복하다가 어느 사이에 이렇게 생각하게 되었습니다. '새로운 일에 도전하고 있기 때문에 실패하는 것이다. 도전하고 있는 이상 어느 정도 실패를 겪을 수밖에 없다. 나는 실패하는 패턴으로 행동하기 쉬운 인간이니 그것을 받아들이지 않으면 전진할 수 없다.' 그렇게 생각하자 약간은 마음이 편해졌습니다. 야구 해설가인 노무라 가쓰야野村克也는 "실패라 쓰고 성장이라 읽는다"라고 말했습니다. 실패는 나쁜 것이 아니고 오히려 깨닫고 배울 기회라는 뜻입니다.

인간의 뇌는 실패를 보다 강하게 기억하도록 만들어져 있다고 합니다. 실패는 한 생명에게는 위기 상황입니다. 다음에 똑같은 상황을 만났을 때 똑같은 실패를 반복하지 않게끔 실패의 기억은 강조되어 기억에 새겨지는 모양입니다. 반대로 잘된 것은 지금까지의 행동 패턴대로 해도 괜찮기 때문에 흘려보냅니다. 성공은 기억하기 어렵다는 말입니다.

무릇 오늘의 행동을 결정하는 것은 어제까지 축적된 기억입니다. 과거의 패턴을 기억하고 있는 뇌가 지금 무엇이 중요하고 무엇이 중요하지 않은지를 판단하여 오늘의 선택을 하는 것입니다. 인간이란 생명체의 뇌는 혹독한 생존 경쟁을 이겨내기 위해 부정적인 일을 증폭하여 새기도록 되어 있습니다. 기쁜 일은 쉽게 잊지만 싫은 일일수록 그러지 못합니다. 이 얼마나 불운한 생명체입니까. 이는 과장되게 강조된 과거의 일로 괴로워하는 것은 비합리적이라는 뜻이기도 합니다. 올바른 대처법은 '좋아, 다음'이라고 넘기고 잊는 것입니다.

마쓰이 히데키松井秀喜 선수가 뉴욕 양키스 시절에 왼쪽 손목의 뼈가 부러지는 큰 부상을 입은 적이 있습니다. 기자가 심경을 묻자 그는 "과거는 어찌할 수 없습니다. 이후를 어떻게 할지가 중요합니다"라고 답했습니다. 정말 공감했습니다. 마쓰이 정도의 선수라고 해도 잊으려고 노력하지 않으면 과거에 사로잡히고 마니 저처럼 재능도 없고 노력도 하지 않는 인간이 과거에 집착하기 쉬운 것은 당연합니다.

이 문제를 좀 더 깊이 있게 다루면 '시간의 흐름을 어떻게 해석해야 할까'라는 물음에 다다릅니다. 예전의 저를 포함해 많은 사람들은 과거의 사건 탓에 미래의 사건이 일어난다고 생각합니다. "그때 그 사람이 이렇게 말했기 때문에 나는 상처를 입었다." 말하자면 시간은 과거로부터 미래를 향해 흐르고 있다는 사고방식입니다.

하지만 거듭 원인을 따져 가면 어떻게 될까요. 그는 "내가 그렇게 말한 건 그 전날에 당신이 약속을 어겼기 때문이잖아"라고 말할지도 모릅니다. 하지만 그것도 "하긴 당신이 내 생일을 까먹었으니까"라는 식으로 따지고 들어가고 더 나아가서는 "애초부터 그 사람이 태어난 게 문제야", "전생이 이래서…"라는 식으로 끝이 없습니다. "운을 트이려면 조상님께 제사를 지내야 합니다"라는 식으로 사람들을 현혹하는 상술이 있다는 이야긴 들어보셨을 겁니다.

이런 생각을 근본부터 부정한 것이 석가모니입니다. 석가모니에 따르면 이렇습니다. 애초부터 사물의 인과를 생각하는 것은 의미가 없다. 지금 일어나고 있는 일은 여러 인연이 겹쳐 때마침 그 상태에 있을 따름이다. 시간은 미래로부터 과거를 향해 흐른다. 미래는 시간이 지나면 현재가 되고 현재는 과거가 되고 과거는 다시 과거로 멀어진다. 그러니 과거의 일은 내버려두면 된다.

어린애가 감기에 걸려 열이 날 때 "내가 말했잖아. 잠을 제대로 안 자니까 그렇지!"라고 말하기 쉽습니다. 그런데 열로 괴로워하는 아이 입장에서는 "지금 그런 식으로 말해도 소용없잖아!"라고 말하고 싶을 겁니다. 야단친다고 한들 열이 내려갈 리가 없으니 지금은 그저 열이 내려가도록 다정하게 도와달라고. 마찬가지로 모든 경우에 있어서 원인을 추구하는 것은 의미가 없다는 것이 석가모니의 가르침입니다.

"도대체 뭔 소리야?"라고 생각하시는 분들, 저는 여기서 불교 강의를 하려는 건 아닙니다. 이런 생각을 실천하고 있는 것도 아닙니다. 다만 그런 점을 안다면 현재와 미래를 보는 시각을 바꿔 긍정적으로 생각할 수 있다고 생각합니다.

용기를 내서 시작하면 어떻게든 된다

스물일곱 살의 저로 이야기를 되돌려보겠습니다. 젊은 사람이 농사를 짓고 싶다고 하자 주변 사람들이 이렇게 말합니다.

"왜 새삼스레 농업이야?"

지금의 저도 스물일곱 살의 저를 만났다면 그리 말할지도 모릅니다. 하지만 스물일곱 살의 나는 그것을 귀담아 듣지 않습니다. 잘 해낼 자신이 있어서는 아닙니다. 그저 하고 싶어서입니다. 해보지 않으면 알 수 없으니까요.

하지만 당시의 저는 남들에게 그렇게 명쾌하게 말할 수 없었습니다. 오히려 농업에 뛰어드는 이유를 설명하려고 기를 쓰고 이론 무장을 했습니다. 그래서 '지구가~', '지금 사회는~' 같은 거창한 이야기를 입에 담았습니다. 하지만 그런 구실은 실은 나중에 덧붙인 것이고, 그저 몸에서 끓어오르는 감정을 억누를 수 없었을 뿐이었습니다.

영어에 passion이라는 단어가 있습니다. '열정, 정념'이라는 뜻입니다. 능동적이고 적극적인 말로 들립니다만 '수동적, 소극적'이라는 의미의 passive와 어원은 같습니다. 말하자면 passion의 의미는 '피할 수 없는 것, 아무래도 그렇게 생각할 수밖에 없는 것'입니다. 왜 그 사람과 사랑에 빠졌는지를 말로 설명하지 못하는 것과 마찬가지로 누군가 왜 농업을 택했냐고 물어도 '농업이 아니면 안 된다'라고 표현할 수밖에 없습니다.

제 친구 하기와라 노리유키는 나가노 현 사쿠호佐久穂에서 농사를 짓고 있습니다. 그는 대학을 졸업한 후 주택건설업체에서 영업직으로 일했지만 아무래도 농업이 하고 싶어서 사이타마 현에 있는 농가에서 연수를 받은 후 나가노로 이주하여 농업을 시작했습니다.

하기와라도 지금은 그 지역 젊은 농부들의 지도자가 되었지만 농업을 처음 시작했을 때는 고생을 많이 했습니다. 지역 선배의 도움으로 밭은 얻었지만 살 집을 구하지 못했던 것입니다. 시골에는 임대 주택이 없기 때문에 빈집을 찾을 수밖에 없습니다. 애초에 물건 자체가 적기도 하고 빌려주는 쪽도 이득이 없기 때문에 연고가 없는 이주자가 집을 빌리기는 매우 어렵습니다. 바로 집을 구해주기 어렵다는 말을 듣고도 농업에 대한 꿈을 포기할 수 없었던 하기와라는 마침내 선배가 있는 곳으로 가서 이렇게 부탁을 했습니다.

"지붕만 있으면 된다니까요."

그 고집에 마음이 흔들린 선배가 안면이 없는 사람에게 머리를 조아려 집을 찾아주었다고 합니다. 다행히도 그렇게 농업을 시작할 수 있었습니다. 강한 열정으로 불꽃처럼 주변의 모든 것을 자신에게 끌어들이는 모습에 존경과 놀림을 담아 저는 그를 '불꽃'이라고 부릅니다.

연고도 경험도 없이 농사를 시작한다는 건 일단 터무니없는 일입니다. 성공한다는 보증이 전혀 없는 무리한 일에 가족과 그 지역 사람을 끌어들이고 설령 몸을 망친다 하더라도 농업을 하고 싶다. 지붕만 있으면 하리라. 어리석은 행위로밖에 보이지 않습니다. 그런 어리석은 인간에게 '왜 하필 농사를 짓겠다는 거야?'라고 묻는 일 자체가 무의미합니다. 주변 사람이 할 수 있는 일은 단하나, 포기뿐입니다.

당사자는 바보라서 불안하지 않은가 하면 그렇지는 않습니다. 정말로 기술을 익힐 수 있을까, 힘든 노동을 견딜 수 있을까, 먹고 살 수 있을까. 그런 불안으로 가득할 거라 생각합니다. 저도 그랬습니다. 스물일곱 살의 저는 농업으로 살아가는 신규 취농자나 기존의 농부들을 보고 언젠가 저렇게 앞날에 확신을 갖고 농업을 하고 싶다고 생각했습니다.

하지만 농업을 15년 해보니 경력을 쌓는다고 해서 미래가 보이지는 않음을 깨달았습니다. 내일 어떻게 될지 모르는 것은 신입도 전문가도 마찬가지입니다.

"그렇지만 경험이 없는 사람과 15년 된 선수는 다르지 않을까"라는 반론이 들어올 법합니다. 하지만 제가 묻겠습니다. 2011년 3월 10일 동일본대지진이 일어난 날의 바로 전날에 다음 날 무슨 일이 일어날지 예측한 사람이 있습니까? 세상에 그런 사람이 한 사람이라도 있다면 알려주시기 바랍니다.

미래는 누구도 예측할 수 없습니다. 미래를 예측할 수 있다는 것은 과거가 미래를 제약하고 있다는 뜻입니다. 다시 말하면 타고난 운명이 정해져 있다는 뜻입니다. 저는 그렇게 생각하지도 않고 그런 세계에 살고 싶은 생각도 없습니다. 미래는 바꿀 수 있다고 생각하며 살고 싶습니다.

내일이 보이지 않는 것은 스물일곱 살의 저도 마흔세 살의 저도 마찬가지입니다. 반대로 말하면 앞이 보이지 않는다고 해서 무슨 일을 시작하지 못한다는 법은 없습니다. 그렇다면 스물일곱 살의 저에게 없고 마흔세 살의 저에게 있는 것은 무엇일까요. 바로 보이지 않는 내일을 향해 수없이 발을 내딛은 경험입니다. 지금도 매년 처음 하는 일투성이입니다. 새로운 일을 시작하는 것은 물론 불안합니다. 하지만 용기를 내서 시작하면 대부분은 어떻게든 되는 법입니다.

영화 《인디아나 존스-최후의 성전》에 성배를 가지러 가는 인디아나에게 신의 세 가지 시련이 주어지는 장면이 있습니다. 깎아지른 절벽 저편으로 건너가지 않으면 안 되는데 있어야 할 다리가 거기에 없습니다. 신이 준 힌트는 "사자의 머리에서 도약하는 자만이 그 가치를 인정받는다"였습니다. 결심을 하고 계곡을 향해 한 걸음 내딛자 보이지 않는 다리에 발이 닿습니다. 인상적인 장면입니다.

저는 이 장면에 공감합니다. 다리가 놓여 있지 않은 것처럼 보이는 계곡일지라도 용기를 내어 내딛으면 떨어지지는 않는다. 어쩌다 떨어지더라도 다시 도전할 수 있다는 걸 경험으로 알고 있다. 말하자면 그간 어떻게든 해온 경험이 쌓여서 공포심이 마비되어 있습니다. 일종의 직업병입니다. 좋은 건지 나쁜 건지는 모르겠습니다. 하지만 보이지 않는 내일에 발을 내딛는 일이 지금은 그다지 무섭지 않은 것은 사실입니다.

앞날이 밝으니까 가는 것일까
어두워서 가는 것을 멈추는 것일까
그렇게 하지 않으면 될 것을
– 무노 다케지武野 武治,《시집 횃불詞集 たいまつ》에서

어쩌면 이런 생각은 다소 이상한 것일지도 모릅니다. 하지만 그것이 뭔가를 해내는 원동력이라면 성가시기는 하더라도 몸속에 품고 살아가는 수밖에 없습니다. 스스로 좀 이상한 사람일지도 모르겠다고 고민했던 젊은 시절 큰 격려가 되어주었던 말을 소개합니다.

보조가 맞지 않는 사람을 책망하지 말라
그 사람은 당신이 듣고 있는 것과는 다른
한층 멋진 북 리듬에
보조를 맞추고 있는지도 모른다
– 헨리 소로Henry Thoreau,《월든Walden》에서

계획은 길잡이일 뿐이다

"최초의 사업 계획은 어떻게 세우셨습니까?"라는 질문을 받을 때가 있습니다. "이게 처음에 세웠던 계획입니다"라고 자신 있게 보여드릴 수 있으면 좋겠지만 유감스럽게도 그렇지 않습니다. 계획 같은 것은 전혀 세우지 않고 시작해버렸습니다. 첫해의 경우 '얼마나 벌었을까' 하고 결산을 해보니 적자였습니다. 이 정도로 주먹구구였습니다.

지금은 직원을 거느리고 있기도 해서 그 무렵보다 약간은 낫지만 치밀하게 계획을 세워서 실행하는 데는 여전히 서툽니다. 그런데 무신경한 인간이라고 할 수 있습니다.

뭔가를 계획하더라도 1년 후에 되돌아보면 전제가 되는 환경도 자신의 생각도 상당히 바뀌어 있음을 깨닫습니다. 그때그때 깨닫지 못할 뿐 실제로는 시시각각 자신도 세계도 움직이고 있는 것입니다. 그렇기 때문에 계획이라는 것은 세운 순간부터 열화하고 진부해지는 것이라고 생각합니다. 물론 계획을 세우지 않아도 좋다는 말은 아닙니다. 늘 수정이 필요하다는 것입니다.

회사원 시절에는 늘 1년, 3년, 5년의 계획을 세워야만 했습니다. 올해, 내년 정도의 계획은 현실적인 예상을 할 수 있지만 3년 후 정도부터는 상당히 자신 없는 숫자가 나오게 됩니다. 부서에서 집계한 숫자가 기획부의 숫자와 맞지 않으면 수정해야 하기 때문에 이게 무슨 의미가 있나 생각하곤 했습니다. 하지만 지금 생각하면

계획이란 원래 그런 것입니다. 그저 길잡이로서 의미가 있을 뿐입니다.

저는 목표는 일시적이어도 괜찮다고 생각합니다. 빛이 보이면 곧바로 실현 가능한지 어떤지는 큰 문제가 아니다. 그 빛나는 미래로 나아가기 위해 눈앞에 당근을 늘어뜨리고 애매한 목표가 아닌 눈앞의 당근을 향해 전력으로 달린다. 당근을 향해 달리다 방향이 최초의 목표에서 빗나가면 목표를 수정한다. 그 정도의 것이라고 생각합니다.

해는 산에 기대어 저물고	白日依山盡
황하는 바다로 흘러 들어간다	黃河入海流
천 리를 내다보려면	欲窮千里目
다시 한 층을 올라서야 하리	更上一層樓

왕지환王之渙. 중국 당나라 때의 시인의 유명한 시입니다. 발밑을 보면서 계단을 하나 올라가 문득 고개를 들면 아까보다 먼 곳까지 보인다. 기분이 좋아져서 다시 한 계단 올라가보자고 생각한다. 그걸 반복하는 느낌이라고 할까요. 저만의 해석입니다만.

이런 임기응변에는 약점도 있습니다. 현재에 묶이기 쉽다는 것입니다. 앞이 보인다면 무리를 해서라도 희망을 가지고 거기에 투자를 해야만 합니다. 취농 초기부터 지금의 농장 모습을 예상하고 그것을 위해 조건을 잘 가다듬었더라면 좀 더 일찍 지금의 규모를 갖추었을 것입니다. 거기에 모든 것을 걸고 사람을 끌어들일 용기가 저에게는 없었습니다. 단적으로 말하면 미래의 자신을 믿지 못했다는 말입니다. 그게 솔직한 제 실력입니다. 그릇이 작은 걸 인정할 수밖에 없습니다.

5장

나의 가장
중요한 농기구,
IT

일이 서툴면 도구를 잘 고르면 된다

"IT가 사업의 성패를 결정한다."

최근 그런 말을 여기저기서 보곤 합니다. 언뜻 보기에 IT와는 가장 거리가 멀 것 같은 농업 종사자들 사이에서도 당연하다는 듯이 IT의 활용과 인터넷을 이용해 정보를 보내는 일의 중요성이 화제로 오릅니다. 여기에서는 제가 하는 농업과 IT의 관계에 대해 서술하고자 합니다.

저는 컴퓨터에 대해 그렇게 잘 아는 편은 아닙니다. 하지만 어렸을 때부터 컴퓨터를 접했기 때문에 낯설지는 않았습니다. 고등학교 때는 개인 과제 연구로 학교 도서실 장서의 데이터베이스화라는 주제에 매달리기도 했습니다. 그 무렵에는 컴퓨터의 성능이 떨어졌기 때문에 검색에 시간이 너무 오래 걸려서 큰 작업은 할 수 없었습니다. 하지만 데이터베이스가 어떤 것인지는 배울 수 있었습니다.

윈도95가 나오기 바로 직전인 1994년에 회사원이 되었습니다. 당시 영업 부서에서는 컴퓨터를 거의 쓰지 않고 있었습니다. 그 후 한 사람당 한 대의 컴퓨터가 주어졌고, 문서가 전자화되고 인터넷이 보급되기 시작하자 부서의 담당자로서 사내 교육을 받는 혜택을 입기도 했습니다. 여기서 배운 것은 농업에 뛰어든 후에도 상당히 도움이 되었습니다.

수출 담당이었기 때문에 팩스를 많이 이용했습니다. 하지만 업무에서 이메일을 사용해보고는 검색이 쉽다는 사실에 가장 놀랐습니다. 주고받는 이메일을 모으기 편하다는 사실은 곧바로 알았지만 검색에는 시간이 걸린다는 고등학교 시절의 생각을 떨쳐버리지 못했던 저로서는 방대한 자료도 눈 깜짝할 사이에 검색을 할 수 있다는 것이 정말 놀라웠습니다.

저는 어릴 적부터 정리를 잘 못하는 칠칠치 못한 사내였습니다. 기억력도 좋지 않습니다. 마음속으로 그런 것은 중요하지 않다고 생각하고 무시하는 것 같습니다. 세상에 IT가 침투해가던 1990년대 후반이 저에게는 서투른 것을 보완할 도구를 손에 넣은 시기였습니다.

"정보를 정리할 필요가 없다. 기억할 필요도 없다."

정보를 전자화하면 물리적인 제약에 얽매이지 않아도 되기 때문에 자료를 분류하고 정리할 필요가 없습니다. 눈 깜짝할 사이에 전부 검색할 수 있기 때문에 자료 그 자체를 기억할 필요도 없습니다. 인간은 그 자료들 사이에 있는 연관성을 생각하는 데 집중할 수 있습니다. 제 입장에서는 그야말로 자유를 얻었다고 할 수 있습니다. 당시에는 저 자신도 확실히 이해하지 못했지만, 2008년에 "이제는 정보를 정리할 필요가 없어졌다!"라고 주장한 노구치 유키오野口悠紀雄의 《초 '초'정리법超'超'整理法》이 나왔을 때는 '그것 봐, 내가 맞았잖아'라고 생각했습니다. '초'정리법 시리즈의 내용은 전부 다 좋아하고 실천하고 있었기 때문에 더더욱 기분이 좋았습니다.

왜 이런 이야기를 하는가 하면 '서툼이란 무엇인가'라는 보다 큰 문제로 바로 이어지기 때문입니다. 사람들은 보통 서툼이나 미숙을 보통은 해당하는 능력이 평균보다 떨어지는 것으로 인식하고 있습니다. 하지만 서툼은 그 사람에게 맞는 도구나 방법론으로 보충할 수 있는지도 모릅니다. 그 분야에서 천재라고 일컫는 사람도 그 시대, 그 장소에서 어쩌다 주류를 이루고 있는 도구나 방법론에 딱 맞는 사람일 뿐인지도 모릅니다.

외국어가 좋은 예입니다. 1980년대부터 1990년대까지는 영어를 할 줄 아는 사람이 곧 일을 잘하는 사람이라는 인식이 있었습니다. 때마침 영어권과의 거래가 많았던 시대에 영어라는 도구로 능숙하게 의사소통을 할 줄 아는 사람이 주목을 받았을 뿐이라고 생각합니다. 미국 대신 중국이 일본의 최대 무역국이 되자 상황은 바뀌었습니다. 게다가 실제 업무에서 외국어를 쓰는 노동자는 전체의 수 퍼센트에 불과하다고 합니다. 본디 의사소통의 도구로서의 외국어 능력은 그 가치의 일부일 뿐입니다. 외국어를 배우는 재미는 다른 문화의 흡수, 사물을 추상화하고 상대화하는 수단의 획득, 언어가 사고의 일부밖에 끄집어낼 수 없는 점을 확인하는 작업 등 훨씬 더 심오한 것입니다.

문서철을 잘 만드는 사람이 꼭 정보를 잘 정리한다고 말할 수는 없고, 전화로 재미있게 말하는 사람이 반드시 좋은 영업자라고 할 수도 없습니다. 그것들은 정보 정리나 영업 활동의 도구 중 하나에 지나지 않습니다. 그 사람의 진정한 창조성이나 개성은 좀 더 다른 차원의 것은 아닐까요. 어쩌면 10년 후에는 사라질지도 모르는 도구를 습득하는 데 모두가 혈안이 되어 있는지도 모릅니다. 일본 직장인들의 생산성이 향상되지 않는 이유는 본질적인 능력이 아니라 그런 도구를 기준으로 사람을 평가하고 있기 때문이 아닐까 하는 생각까지 듭니다.

인터넷과 엑셀

그럼 이야기를 다시 IT로 돌립시다. 윈도로 대표되는 간편하고 배우기 쉬운 운영체제가 보급되고, 초고속인터넷 환경이 정비되면서 소수의 전유물이었던 컴퓨터가 삽시간에 대중화되었습니다. 저는 IT를 체계적으로 배운 적은 없습니다. 하지만 어릴 적부터 컴퓨터가 친숙했고 회사 생활을 할 때 기본적인 기술을 익혔던 덕분에 컴퓨터라는 도구를 어떻게 써야 할지에 대한 고민은 꽤 하고 있습니다. IT 기술은 없지만 IT 응용력은 어느 정도 있다는 표현이 적당할 것 같습니다.

소매를 하면 보통 도매보다 업무도 번잡해지고 서류도 많아집니다. 1998년 취농 초기부터 고객들에게 채소를 보낼 때 함께 넣는 소식지, 장부류, 재배 기록 등 서류는 모두 전자화하여 보관하고 있습니다. 종이 문서를 분류해서 철하는 데 서툰 탓에 가능한 한 처음부터 전자화한 것을 보관하려고 했습니다. 검색을 할 수 있다, 양식으로 만들기 쉽다 등 서류를 전자화하는 장점은 많이 있습니다. 하지만 제 경우 제가 악필이라는 점이 가장 중요한 이유였습니다. 다른 사람들은 비웃을지도 모르겠습니다. 하지만 글씨에 자신이 없으면 글씨를 깔끔하게 쓸 수 있는 컴퓨터에 의지하게 됩니다. 글씨를 잘 못 쓰기 때문에 외부에 보내는 문서는 부끄러워서 손으로 쓰고 않고, 쓰지 않는 게 버릇이 되어 자신이 악필이라는 생각이 더 심해진다. 그 결과 더더욱 글씨를 못 쓰게 된다. 이런 식의 악순환이 계속되면서 점점 손글씨로부터 멀어지고 말았습니다.

우편도 싫어합니다. 보낼 곳을 일일이 적는 것도 봉투나 우표를 챙기는 일도 귀찮기 때문입니다. 자연히 고객과도 이메일을 중심으로 소통하게 되었습니다. 나중에 깨달았지만 이렇게 하면 고객을 골라서 받게 됩니다. 전화나 팩스를 주로 사용하는 사람은 대하는 게 귀찮아서 자연스레 멀리하게 되기 때문입니다. 마음이 맞는 고객과 좀 더 깊은 의사소통을 할 수 있다는 점도 전자화를 진행하는 동기가 되었습니다.

홈페이지를 만들라는 말은 취농 초기부터 들었습니다. 당시에는 농사일로 바빠서 인터넷을 공부해서 홈페이지를 만들자는 결심은 하지 못했습니다. 물건만 좋으면 팔리리라는 어설픈 생각도 했습니다. 다른 사람에게 부탁할 돈도 물론 없었습니다. 누가 만들어준다고 한들 열심히 새 글을 올릴 자신도 없어서 그냥 그대로 있었습니다. 보다 못한 친구가 자기 서버에 안내 페이지를 올려주겠다고 하기에 할 수 없이 만들었을 정도입니다.

영업에는 이메일만 사용했습니다. 처음에는 사업이랍시고 얼토당토않은 활동 보고서와 같은 것을 두세 달에 한 번씩 발행해서 친구, 이전 직장에서 알던 사람, 업무로 알게 된 사람들에게 보냈습니다. 당시에는 선전하는 것이 어색해서 그랬는지 아니면 그냥 미안해서 그랬는지 어물어물 변명을 하면서 이메일을 보냈습니다. 이메일을 보내는 곳이 취농 후 처음부터 이백 곳 정도였으니 인간관계는 넓은 편이었는지도 모릅니다. 그러던 중 다른 친구가 좀 더 뻔뻔하게 하라는 충고를 해주었습니다. 이메일에 안내 페이지의 인터넷 주소를 끼워 넣어 손쉽게 홍보를 하라는 이야기였습니다.

메일을 보낼 때마다 늘 어떤 반향이 있었습니다. 이메일을 보고 직접 주문을 하는 사람이 있는가 하면 아는 사람에게 널리 홍보해주는 사람도 있었습니다. 이런 확산 효과가 아주 컸습니다. '아, 그러고 보니 ○○씨가 유기농 채소에 관심을 가지고 있었지'라고 생각하고는 소개를 해주는 것입니다. '추천할 업자가 있는데~'와 '친구가 농사를 시작해서~'는 효과가 크게 다릅니다. 개인적인 소개가 흥미를 끌 가능성이 훨씬 높습니다. 마구 뿌리는 전단지와는 비할 바가 아닙니다. SNS가 널리 퍼진 지금은 이런 마케팅 방법이 보편적입니다만, 당시에는 참신한 방법이었으니 효과가 컸으리라 생각합니다. 고객 수는 점차 늘어 어느새 백 명 정도가 되었습니다. 대부분 제가 직접 아는 사람이거나 아는 사람이 소개를 해준 사람이었습니다.

고객 관리, 매출 관리는 처음부터 엑셀로 했습니다. 주변 농부들 중에 컴퓨터를 사용하지 않는 사람이 많았지만 제겐 장부를 손으로 작성한다는 생각 자체가 없었습니다. 자료를 전자화하면 나중에 어떤 식으로든 가공할 수 있습니다. 매출 자료의 경우 날짜, 고객명, 상품명, 단위, 수량, 단가 등의 항목을 만듭니다. 그리고 정리하지 않은 추가 정보까지 남겨두면 나중에 매우 쉽게 항목별로 집계할 수 있습니다. 청구서 발행은 물론 누가 언제 무엇을 샀는지 그 계절에는 무엇이 팔리는지 등을 쉽게 확인할 수 있습니다. 당시에는 누가 "회사원 시절에 배운 것 중 무엇이 유용했습니까?"라고 물으면 엑셀 VLOOKUP 함수와 피벗테이블이라고 답하곤 했습니다.

택배 발송장은 연수처에서 배운 대로 고객별로 고객명을 인쇄해둔 것을 미리 수십 장 만들어놓고 '오늘은 ○○씨와 ▢▢씨….' 하는 식으로 골라서 사용했습니다. 얼마 안 있어 컴퓨터에 기반한 전표 발행 프로그램이 나오자 잽싸게 도입했습니다. 당시에는 쓰는 사람이 별로 없어서 다른 업체의 관계자들에게 제가 가르쳐주기도 했습니다. 불편한 점이 많아서 프로그램 업체에 전화해 여러 번 개선을 요구하기도 했습니다. 당시 요구했던 것들이 대체로 받아들여졌으니 테스터로서 역할도 제대로 한 셈입니다.

시골에 초고속인터넷을 끌어오다

취농을 하고 한동안 이바라키의 인터넷 환경은 형편없었습니다. 초고속인터넷 원년이라고 일컫는 2001년 무렵부터 도쿄에 사는 친구들은 너무나 당연하다는 듯이 항상 인터넷에 접속할 수 있는 환경을 갖추고 있었습니다. 하지만 여기선 넋을 놓고 있을 뿐 주변에 그런 이야기를 하는 사람조차 없었습니다. '시골은 역시 불리하구나'라고 생각했습니다.

전환점은 2003년이었습니다. 속도가 느린 아날로그 회선으로 늘 하듯 그림이 뜨지 않도록 한 채 웹서핑을 하다가 '니하라무라 新治村. 히사마쓰농원 소재지의 옛 지명에 ADSL을!'이라는 페이지를 발견했습니다. 깜짝 놀라 글쓴이에게 연락을 하자 곧바로 만나러 오겠다고 답이 돌아왔습니다. 가슴 설레며 기다리고 있자니 웬걸 소형 오토바이를 탄 중학생이 나타났습니다. 말을 잇지 못하는 저에게 그 학생은 묘하게 어른스런 말투로 초고속인터넷이 얼마나 필요한지를 열심히 피력했습니다. 그 후 대학원생 한 사람이 합세하여 중학생을 회장으로 하고 셋이서 활동을 시작했습니다.

인터넷회사와 교섭을 해보자 "ADSL을 조만간 전국으로 확대해갈 방침입니다. 하지만 어느 지역부터 설치할 것인지는 종합적으로 판단하여 결정하겠습니다"라는 답변이 돌아왔습니다. 그렇다면 일단은 사람들에게 알리자는 생각에 편의점 등에 포스터를 붙이고 서명을 모았습니다. 활동을 시작한 지 얼마 지나지 않아

면장님이 요청을 들어줄 것 같다는 이야기가 들려왔습니다. 바로 이때라고 생각하고 회장인 중학생이 교복 차림으로 면장님과 악수하는 사진을 찍고 인터넷에 호소를 했습니다. 결국 면장님이 인터넷회사에 전화를 해 반년 후에 곧바로 개통하기로 결정이 났습니다. 다음 해에는 ADSL인 Yahoo! BB도 개통되어 초고속인터넷이 단숨에 보급되었습니다.

기지국에서 멀리 떨어진 곳이라 속도도 느리고 시간대에 따라 접속이 어렵기도 했으니 지금 생각하면 참 불안정한 통신 환경이었습니다. 하지만 당시에 초고속인터넷의 영향력은 가히 충격적이었습니다. 업무를 뒷전으로 하고 인터넷을 하곤 했습니다. 뭔가를 찾아야 할 때 일단은 인터넷으로 찾는 습관이 생긴 것도 이 무렵입니다. 이메일로 보내는 소식지에도 사진을 첨부하는 등 정보를 보내는 것도 조금씩 의식하게 되었습니다.

지금은 개인이고 법인이고 할 것 없이 '발신력發信力'이라는 말을 쓰고, 정보를 퍼뜨리는 것을 사업의 중요한 요소로 보고 있습니다. 하지만 2000년대 중반까지 그런 말을 하는 사람은 별로 없었습니다. 가장 큰 이유는 홍보 활동에 돈이 들었기 때문입니다. 당시에는 사람들에게 널리 홍보를 하려면 대중매체에 부탁을 하거나 광고를 내는 수밖에 없어서 농부 개인은 감히 엄두를 낼 수 없었습니다. 인터넷에는 빛과 어둠이 있지만, 적은 비용으로 홍보활동을 할 수 있다는 점은 영세 사업자에게는 큰 힘이 됩니다. 참으로 좋은 시대라고 생각합니다.

초고속인터넷이 개통되고 얼마 지나지 않아 인터넷뱅킹과 인터넷팩스를 이용하기 시작했습니다. 인터넷뱅킹은 결제 수수료가 싼 것은 물론이고 집에서도 이용할 수 있습니다. 농사를 시작하고 한동안은 낮에는 농사일 때문에 전혀 짬을 낼 수 없었기 때문에 사무 업무는 전부 밤에 해야 했습니다. 그러니 모든 은행 거래를 집에서 할 수 있다는 것은 획기적이었습니다. 지금은 현금 입출금이나 송금을 하려고 일부러 은행에 갔던 일이 믿기지 않습니다. 과거의 거래 내역도 엑셀 자료로 남길 수 있게 되어 입금 확인 등의 작업도 상당히 수월해졌습니다.

2006년에는 블로그를 개설했습니다. 초고속인터넷이 깔리기 훨씬 전인 1990년대부터 인터넷을 적극 활용해온 농업 종사자도 있으니 상당히 늦게 시작한 셈입니다. 그 전에도 알리고 싶은 것은 많았지만 부지런히 글을 새로 쓰는 것이 귀찮기도 하고 자신도 없어서 그냥 내팽개쳤습니다. 하지만 친구가 블로그에 글을 올리는 걸 보고 이거라면 어설픈 나도 할 수 있겠다 싶어서 블로그를 시작했습니다.

히사마쓰농원이 TV 프로그램에 나왔을 때 주문이나 문의가 대부분 인터넷을 통해 들어왔던 일도 계기가 되었습니다. 아는 사람의 인터넷 쇼핑몰에 채소 세트를 올려두기만 하고 방치했었는데 그 사이트로 주문이 몇백 건이나 쇄도했습니다. 준비가 부족해 대부분의 주문을 놓쳐버렸습니다. 어렴풋이 느끼고 있었지만 전화와 팩스의 시대가 끝났음을 절감했습니다.

처음에는 아는 사람들이 읽으라고 취미로 쓰는 일기 수준의 블로그였습니다. 하지만 꾸준히 하니 주로 동종업자들로부터 반응이 있었습니다. 멀리 떨어져 있는 농민과 재배 기술을 공유할 수도 있어서 작물을 재배하는 데도 상당히 도움이 되었습니다.

흥미로웠던 것은 "장화와 작업화는 어떻게 적절히 써야 할까"와 같은 다소 엉뚱한 주제가 농업 종사자뿐만 아니라 일반인의 관심을 끈 점입니다. '내용이 재미있으면 직접 도움이 되지 않는 정보여도 사람들이 재미있어 하는구나' 하고 생각했습니다.

틈새시장을 노리는 사람은 자기가 하는 일이 일부 마니아에게만 통할 뿐 자기만족에 지나지 않는 것은 아닐까 하고 기가 죽기 쉽습니다. 누군가 제 블로그를 재미있게 봤다 해도 제가 키운 채소를 직접 먹는 경우는 아주 드물지도 모릅니다. 그래도 꾸준히 정보를 보내면 많은 사람들의 관심을 끌 수 있을 것이라고 생각했습니다. 만화가 도리 미키とり・みき의 말을 빌리자면 이렇습니다. "일반성은 타협이 아니라 집요하기 그지없는 고집 끝에서만 얻을 수 있다."

사람은 누구나 반경 10미터 안의 인간관계에 규정되기 쉽습니다. 주변 사람들이 던지는 "너처럼 못난 녀석이 뭐가 잘났는데"라는 식의 부정적인 말에 굴하는 사람이 얼마나 많습니까. 인터넷은 저에게 제 주변이라는 한정된 범위를 벗어나면 제 편이 되어줄 잠재적인 팬이 수없이 많다는 것을 일깨워주었습니다.

정보는 정보를 보내는 사람에게 모인다

다소 엉뚱한 제 블로그를 보고 언론에서 취재를 하러 오기도 했습니다. '신문기자나 잡지기자들도 인터넷으로 정보를 수집하는구나, 의외군' 하고 조금 놀랐습니다. 제가 이야기한 것이 기사로 나갔고 그것을 읽은 사람이 또다시 제 블로그를 읽게 되었습니다. 저를 알아주는 사람의 범위가 조금씩 넓어지는 것을 실감할 수 있었습니다. 얼마 안 있어 강연이나 집필 의뢰도 들어와 그런 일을 업무의 일부로 확실히 인식하게 되었습니다. 언론인 노릇을 하자는 건 아니지만 연구자나 기자 등과 이야기할 기회가 늘면 '어차피 나는 시골의 무지렁이 농민에 지나지 않는다'고 발을 뺄 수가 없습니다. 전문가로서 논의에도 참여해야 합니다. 지적받은 모순점을 어쩔 수 없이 나름대로 곰곰이 생각하고 재배와 경영에도 반영해야 합니다.

말하자면 설 무대가 커지고 이야기하는 상대의 수준이 올라가는 만큼 자신의 수준도 올라가게 됩니다. 돈이 탐날 뿐이라면 쓸데없는 일일지도 모릅니다. 하지만 저는 일을 통해 성장하고자 하기 때문에 비판을 받는다고 기분이 상하진 않습니다. 오히려 사람들과의 만남과 논의를 통해 인생이 보다 재미있는 방향으로 나아가는 데 희열을 느꼈습니다.

현재 함께 일을 하는 직원들, 외부에서 우리 농장을 지원해주는 사람들, 채소를 사주는 고객들 대부분은 농업을 시작하고 나서 만난 사람들입니다. 문득 '저 사람과는 처음에 무슨 일로 만났더라?'라고 되짚는 경우도 있습니다. 아무리 중요한 만남도 사소한 인연에서 출발하는 법입니다. 이쪽에서 먼저 신호를 보내지 않았다면 그 사람들과 만날 수 없었을 것이고, 사업도 인생도 완전히 다른 방향으로 나아갔으리라 생각합니다.

　음식 연출자인 고야스 다이스케子安大輔 씨와의 만남이 대표적인 예입니다. 지금은 우리 농장의 브레인이자 조언자이기도 한 고야스 씨와는 동일본대지진 이후 진행된 프로젝트를 통해 만났습니다. 고야스 씨는 피해 지역을 지원하기 위해 무엇을 할 수 있을까 고민하다 자기가 쓴 책인 《고추기름과 하이볼ラー油とハイボール》에서 아이디어를 떠올렸습니다. 피해 지역의 식자재로 만든 고추기름을 상품화해 그 매출의 일부를 응원 기금으로 쓴다는 계획이었습니다. 그런데 이바라키에서 나오는 양파가 필요하겠다고 생각하고 그 지역의 농부를 알 법한 지인 두 사람에게 적당한 사람이 없겠냐고 물었더니 두 사람 다 저를 추천했다고 합니다. 때마침 그 해는 양파가 풍년이었고 긍정적인 방향으로 이야기가 이어져 이를 계기로 교류를 시작했습니다.

　좋은 인연을 갖게 되어 참으로 기쁘긴 했지만 복잡한 느낌도 들었습니다. 저는 양파 농부도 아니고 지역을 대표하는 사람도 아닙니다. 그저 영세한 농사꾼일 따름입니다. 그런데도 저에게밖에 인연이 닿지 않았다니 이바라키에 있는 다른 농부들은 얼마나 스스로를 알리지 않고 있나 하는 생각이 든 것입니다. 농사는 제대로 짓지도 못하는 주제에 멋지게 해냈다고 기뻐할 수만도 없었습니다. 사람과 정보는 스스로 정보를 보내는 자에게 모인다는 사실을 많은 농민이 알아줬으면 하는 바람입니다.

자신의 팬을 늘려라

세계에서 가장 뜨거웠다고 일컬어지는 일본의 블로그 붐을 거쳐 2010년 무렵부터는 소셜미디어가 단숨에 꽃을 피웠습니다. 스마트폰을 비롯한 소형 단말기가 보급되고 통신 환경의 기반이 정비되면서 개인 통신망으로 정보를 발신하는 힘이 비약적으로 높아졌습니다. 많은 사람들에게 트위터Twitter, 페이스북Facebook, 라인LINE과 같은 SNS가 정보를 모으고 수집하는 데 필수적인 도구가 되었습니다. 저도 처음에는 잘 모르면서 시작했지만 이제는 업무에 없어서는 안 될 존재입니다.

저는 꾸준히 페이스북을 사용하고 있습니다. 사람에 따라 선호가 다르지만 저는 익명을 좋아하지 않아서 트위터는 거의 쓰지 않습니다. SNS와 블로그의 가장 큰 차이는 부담 없이 쓸 수 있고, 쓴 것이 금세 퍼져나간다는 점입니다. 시간이 미래에서 과거로 흐른다는 것을 몸으로 느끼게 해주는 매체입니다. SNS로 순간을 훌륭하게 잘라내면 바로 예술이 됩니다. 간단히 말해 좋은 사진을 한 장 찍어서 올리면 바로 하나의 콘텐츠가 탄생합니다. 이게 SNS의 가장 좋은 점입니다.

SNS는 좋아하는 일을 직업으로 삼은 개인 사업자와 영세 사업자에게 적합한 도구입니다. 일이나 직장 이야기를 터놓고 쓸 수 없는 사람도 많기 때문입니다. SNS에서는 자신이라는 인간과 주변 인간관계 등을 숨기려 해도 다 숨길 수 없습니다. 모든 것이 훤히 들여다보이기 때문에 거짓말을 할 수 없습니다. 좋아하는 것을 일로 삼은 사람들은 일과 사생활을 따로 구분하지 않기 때문에 언제나 있는 그대로 자신을 드러내게 됩니다. 나쓰메 소세키가 말하는 도락적 직업, 즉 공과 사를 엄밀하게 나누지 않고 스스로 즐기는 직업을 가진 사람들입니다. 그리고 좋든 싫든 자기 자신의 모습으로 살아가는 사람들이 두각을 드러내는 것이 SNS라는 매체입니다.

물론 거기에 이끌려 찾아오는 팬들이 곧바로 직접적인 이익을 가져다준다고는 할 수 없습니다. 정보를 보내고 팬들이 늘어날 때 발생하는 상황을 저는 다음 쪽의 그림으로 설명합니다. 우리 농장의 채소를 사는 핵심 고객이 맨 안쪽에 있습니다. 그 주변에 아직 채소를 실제로 사지는 않았지만 먹고 싶어 하는 고객 예비군이 있습니다. 다시 그 밖에 채소 그 자체에는 흥미가 없지만 우리 활동에 주목을 하는 팬들이 있습니다.

SNS와 같은 매체는 가장 바깥의 팬들을 만드는 데에 아주 유효합니다. 직접적인 고객을 만드는 것은 아니지만, 요즘 한창 화두인 지역 상생 네트워크를 형성한다고 볼 수 있습니다. 저는 그런 폭넓고 자유로운 유대를 얼마나 가질 수 있느냐가 작고 강한 농업

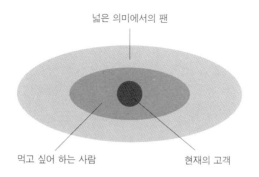

넓은 의미에서의 팬

먹고 싶어 하는 사람

현재의 고객

핵심 고객과 잠재 고객

을 뒷받침하는 큰 요소라고 생각합니다.

　이제는 잘 정비된 통신 기반을 이용해 멀리 있는 사람과 손쉽게 정보를 교환할 수 있습니다. 지금도 저는 인터넷전화를 이용해 일본 각지의 동종업자를 하나로 잇는 스카이프 의견교환회를 자주 활용하고 있습니다. 동종업자라고는 하지만 만난 적이 없는 사람도 많습니다. 그런 사람과도 친밀하게 의견을 교환할 수 있는 시대입니다.

　농업처럼 시간적, 지리적 제약이 큰 일이야말로 인터넷을 활용해야 합니다. 지금까지 회의나 모임을 많이 해봤지만 결국 모이기가 힘들어 그만두곤 했습니다. 어린애가 있는 집은 부부가 함께 참가할 수 없다는 문제점도 있었습니다. 반면 온라인 회의는 최소한의 시간과 비용밖에 들지 않습니다. 어떤 친구는 "실제로 만나는 건 술 마실 때만으로도 충분합니다"라고 말할 정도입니다.

함께하고 싶은 상대를 찾아라

화상회의가 사업을 변화시킨다는 이야기는 제가 학생일 무렵부터 들어왔습니다. 본사와 실시간으로 긴밀한 의사소통을 할 수 있는 화상 전화가 등장한 덕분에 지방에 결정 권한을 가진 사람을 둘 필요가 없어진다는 논리입니다. 하지만 현실화되기까지는 무료 인터넷 화상전화의 등장을 기다려야 했습니다. '일단 쓰는 데 돈이 들면 확 퍼지지 않는구나' 하는 생각도 듭니다.

농업에서도 생산자가 지역별로 모이는 이유 중 하나는 얼굴을 마주하지 않으면 제대로 의사소통을 할 수 없다고 생각하기 때문입니다. 지금은 정보 교환에 지리적 제약이 거의 없어져서 떨어진 점과 점을 잇는 새로운 활동이 가능해졌습니다. 농협 등의 기존 조직에 얽매이지 않거나 그로부터 배제되어 있는 사람들일수록 새로운 도구를 이용한 사업에 적극적입니다. IT가 농업을 바꾼다고 하면 과장으로 들릴지도 모르겠지만, 새로운 도구가 등장한 덕분에 지금까지 불가능하다고 여겼던 사업을 할 수 있게 것은 분명합니다.

음악계에서는 음반사가 저작권을 비롯해 음악가 육성 및 관리, 레코드 제작, 유통에 이르기까지의 모든 것을 통제하는 사업 모델이 오랫동안 당연한 것으로 여겨졌습니다. 하지만 인터넷이 등장하자 음악은 CD 등의 상품 매체로 듣는 것이라는 전제가 무너지고 말았습니다. 이것을 계기로 산업 구조가 변화하고 음악을 만드는 방식도 크게 바뀌었습니다.

농업에서도 농산물의 유통 수단이 제한되어 있던 시대에는 기존의 유통망에 합류할 것인지 어떤지가 시장에 내보낼 농산물의 질과 양 등을 규정했습니다. 하지만 물류 구조와 관련 정보를 얻는 방법이 다양해진 지금은 농업 생산도 다양한 형태를 취할 수 있게 되었고, 오히려 그것을 요구받기도 합니다. 닛산의 최고경영자인 카를로스 곤Carlos Gon 씨는 변화를 두려워해서는 안 된다고 말합니다. IT의 등장으로 농업에서 일어나는 일도 긍정적인 변화로 받아들여야 합니다.

농민을 포함해 지방에서 일을 하는 사람은 지리적인 제약에 얽매이는 경우가 많았습니다. 선택지가 없던 시절에는 당연한 일이었습니다. 지금 저는 지역보다 그 사람의 개성을 보고 같이할 상대를 택하고 있습니다. 직원들 중 이바라키 현 출신은 한 명도 없습니다. 농산물 가공을 위탁하는 곳은 니가타에 있는 기업입니다. 푸드코디네이터는 도쿄에 있고, 그래픽디자인과 웹 구축을 담당하는 팀도 도쿄에 있습니다. 재배에 관한 의견을 교환하는 동종업자는 홋카이도北海道에서 규슈까지 그야말로 지역을 가리지 않고 흩어져 있습니다. 때로는 캘리포니아에 있는 친구와도 이야기를 합니다. 이바라키에 있는 친구가 더 적을 정도입니다.

레시피 사이트인 VegeRecipin을 함께 만들고 있는 메뉴 개발자 오쿠보 슈카大久保朱夏 씨도 인터넷으로 만난 동료입니다. 슈카 씨와는 수 개월에 한 번밖에 만나지 않지만 페이스북으로 매일 보고 있어서 그런지 근처의 농부들보다 훨씬 친근한 사이입니다. 대부분의 기획이 슈카 씨와 인터넷으로 의견을 주고받는 사이에 만들어집니다. "사건은 현장에서 일어난다"라는 고리타분한 말도 있지만 제 배움의 현장은 물리적 제약을 받지 않습니다.

언뜻 보기엔 번거로울지 모르겠지만, 재미있어 하는 사람을 찾아서 함께하는 편이 결과적으로 일이 잘 풀리고 오래갑니다. 지금은 지역이라는 제약에 얽매이지 않는 시스템을 구축한 것이 옳았다고 확신합니다. IT가 없으면 불가능했을 일입니다.

일상 속의 자료를 그대로 남겨라

우리 농장에서는 그날그날의 재배 관리에도 IT를 활용합니다. 영농 작업을 기록하는 작업일지는 구글드라이브 등의 클라우드에 올려놓습니다. 혼자 일을 하던 무렵에는 수첩에 기입했지만 그래서는 다른 사람과 공유할 수 없습니다. 예전에 어떤 농장을 견학하러 갔을 때 작업장 벽에 붙은 커다란 연간 달력에 직원 모두가 작업을 기록하는 것을 보고 '이거다!'라고 생각했습니다. 곧바로 도입을 했고 이왕이면 전자화하자 싶어서 클라우드에 올리기로 했습니다.

시작해보고 깨달은 것은 실제로 머리를 맞대는 일이 줄어든다는 점입니다. 이전까지는 아침에 지시를 내리고 하루 종일 전화를 주고받으면서 작업을 진행하고 하루를 마칠 때 그날의 작업 진척을 확인하고 작업일지에 기록하기를 반복했습니다. 클라우드로 작업일지를 관리하면 상세한 자료는 사전이나 사후에 직접 기입하거나 확인을 받으면 되기 때문에 협의는 요점만 이야기하면 끝납니다. 무슨 일이든 직접 만나 공유했던 때보다 지시와 보고가 잘 정리되어 알기 쉬워졌습니다. 이 점은 직원이 늘었을 때 크게 도움이 되었습니다.

그 후 항목 설정이나 기록 방법 등을 수정했고 지금은 밭, 작물, 작업 종류 등 세세한 항목별로 정보를 추출하거나 가공할 수 있도록 정리합니다. 예를 들어 '토마토'로 추출하면 토마토를 재배할 때 어느 계절 중 어느 시기에 어떤 작업을 얼마나 했는지를 순식간에 파악할 수 있습니다. 작년의 작업일지는 그대로 올해 재배 계획의 기초가 됩니다. 또한 밭 이름으로 추출하면 해당하는 밭에 심은 작물의 이력이 시간 순으로 보입니다.

직원 개개인이 하루하루 기록하는 작업 내용이 그대로 데이터베이스로 축적되는 것이 핵심입니다. 순서대로 진행하는 잎채소 파종일과 수확 개시일을 차분하게 입력하기만 해도 재배 달력이 만들어집니다. 이 자료를 기상 자료와 대조하여 법칙성을 찾는 일 등은 나중에 얼마든지 할 수 있습니다.

데이터베이스 구축의 핵심은 나중에 어떤 형태로 자료를 뽑아낼지 기록 시점에서 정하지 않는 것이라고 생각합니다. 상세한 항목별로 완전히 정리하지 않은 데이터를 남겨두면 나중에 어떤 식으로든 가공할 수 있습니다. 형식을 너무 상세하게 정해버리면 나중에 다른 방식으로 정리하기가 어렵습니다. 어떤 식으로 정리할지는 일을 하다 보면 바뀌는 법입니다. 그러니 처음부터 완벽한 것을 목표로 하지 않고 우선 최소한의 것을 만들고 써가면서 개량합니다. 이것이 요령입니다.

사람을 최대한 활용하라

우리 농장의 재배계획은 이렇습니다. 우선 처음에 큰 작업계획을 세웁니다. 작물의 종류만 해도 수십 종이고, 품종도 제각각인 채소를 언제 어느 밭에서 얼마나 생산할지 시즌 초에 결정합니다.

이 커다란 계획을 기초로 필요에 따라 토양 분석을 외부에 의뢰하고 비료에 대한 계획을 세웁니다. 다만 토양 분석은 어디까지나 참고 자료입니다. 유기농에서는 땅에 유기물로 축적된 비료 성분이 중요한 역할을 합니다. 간단한 토양 분석만으로는 그것이 쉽게 보이지 않기 때문에 그때그때 분석하기보다는 시간에 따른 전체적인 흐름을 보려고 노력합니다.

주별로 번호가 매겨져 있는 연간 작업계획에서 각 번호에 해당하는 내용을 추출하면 그게 바로 그 주의 작업 내용이 됩니다. 농장장은 연간 작업계획을 구체적으로 쪼개어 직원들에게 지시를 내립니다. 작업에 필요한 정보는 클라우드로 공유하고 있으니 직원들은 맡은 일에 대해 과거의 자료를 참조하고 복습하여 절차를 미리 검토하고, 필요한 자재가 갖추어져 있는지 확인한 뒤 그날의

연간 작업계획

작물	품종	밭	예정량	재식밀도	파종간격	사용 자재	1월					2월			
							1	2	3	4	5	6	7	8	9
양배추	얼리타임	잇신	500	5330	50	2중 비닐, 무공	●	-	-	-	-	-	-	▼	-
양배추	마이슌	다미야	300	5230	45	방충망	-	-	-	-	-	-	-	-	-
양배추	미사키	잇신	650	5330	65	2중 비닐, 유공						●	-	-	▼
양배추	포인트원	잇신	350	5330	40	파오파오 비닐								●	-
양배추	마이니시키	잇신	500	5240	100	파오파오 비닐							●	-	-
양배추	마이니시키	잇신	500	5240	100	파오파오 비닐								●	-
스틱	스틱브로콜리	잇신	650	9240	130	파오파오 비닐							●	-	-
스틱	스틱브로콜리	잇신	650	9240	130	파오파오 비닐								●	-
감자	기타아카리	오하타, 서쪽	30	40									●	-	
감자	레드문	오하타, 서쪽	60	40										●	-
감자	도야	나카하라	80	30										●	-
감자	도요시로	나카하라	30	30										●	-
감자	도카치코가네	나카하라	30	30										●	-
감자	노던루비	나카하라	20	40											
감자	새도퀸	나카하라	10	40											

작업을 시작합니다. 이런 예습 시스템을 갖추는 것은 작업을 더 효율적으로 해나가는 데 매우 중요합니다. 그렇게 해야 스스로 생각하고 제각기 움직일 수 있습니다.

　다품목 재배를 하면 하루하루가 정신이 없습니다. 이것을 2시간 하고 다음은 저것을 1시간 하는 식의 일정을 반복합니다. 헤매지 않고 기분 좋게 일을 해나가려면 정리된 정보를 미리 숙지하고 모르는 것은 스스로 찾을 수 있어야 합니다. 모든 직원이 전날까지 머릿속으로 작업을 한 번 시뮬레이션하면 생산성이 단숨에 올라갑니다.

이 방법은 다른 농민들에게는 대단한 시스템을 갖춘 것으로 비칠 수 있습니다만 이용하는 정보 자체는 농부 입장에서는 너무나 친숙한 것들입니다. 식물 공장처럼 정밀한 측정이나 계산이 필요한 게 아닙니다. 클라우드 등의 도구를 제대로 활용하여 농장에 축적된 정보와 기술을 이용하기만 해도 더 일을 쉽게 할 수 있고 그만큼 사람의 능력을 더 활용할 수 있습니다. IT는 그것을 도와주는 도구입니다. 이렇게 훌륭한 도구가 무료로 제공되니 소규모 농가가 쓰지 않을 이유가 없습니다. 자본과 지명도에서 뒤떨어지는 영세 기업은 사람에서 져서는 대기업을 이길 수 없습니다.

IT를 활용하면 물리적인 제약이 사라진다

IT를 활용하여 물리적인 제약을 넘어서는 것은 농업에 한정되지 않습니다. 예를 들어 앞에서 다룬 인터넷팩스는 팩스 송수신을 컴퓨터나 그 외의 전자기기로 하는 서비스입니다. 대외적인 연락은 거의 이메일로 합니다만 음식점의 경우 팩스를 원하는 분들도 많아서 어쩔 수 없이 사용하고 있습니다. 인터넷팩스를 쓰면 주문 목록을 컴퓨터를 이용해서 상대방 팩스로 보낼 수 있고, 받은 팩스는 PDF화하여 파일로 받아볼 수 있습니다. 불필요한 인쇄를 줄일 수 있고 무엇보다 인터넷에 접속할 수 있으면 어디서든 볼 수 있어서 편리합니다.

문서를 전자화하는 효과는 무엇보다도 검색이 쉽다는 데 있습니다. 전자화한 서류는 순식간에 전부 검색할 수 있기 때문입니다. 저는 정리에 서툴러서 젊었을 때는 책상에 쌓인 종이 더미에서 필요한 서류를 찾느라 엄청난 시간을 낭비했습니다. 하긴 있을지 없을지 모르는 것을 찾는 일만큼 지치는 일도 없습니다. 어릴 적부터 부모님이나 선생님에게 정리 좀 하고 살라고 꾸중을 들었습니다. 하지만 짧은 인생의 일부를 좋아하지도 않고 잘하지도 못하는 일에 쓰고 싶지 않습니다. 누구나 그럴 것입니다. 이제는 정보를 전자화하면 어디에 보관할지 걱정하지 않아도 되고 검색도 순식간에 할 수 있으니 정리 따위는 할 필요 없지 않을까요. 그러다 또 가족과 직원들의 노여움을 사기도 합니다만.

서류는 전자화한 것을 받는 것이 원칙입니다. 우편으로 온 것도 직접 수령한 것도 모두 스캐너로 텍스트 검색이 가능한 PDF로 변환한 뒤 실제 서류는 치워버립니다. 서류를 전자화한 뒤에는 보관 장소가 정해진 것 외에는 마찬가지로 클라우드 서비스인 에버노트Evernote에 집어넣으면 끝입니다. 명함이나 사용설명서 등은 모두 이렇게 처리합니다. 사용설명서처럼 나중에라도 다운로드할 수 있는 것은 봉투를 개봉하지도 않고 쓰레기통으로 바로 보내는 경우도 많습니다. 보관해야 할 서류는《'초'정리법超整理法》방식으로 시간 순으로 봉투에 넣어 세워둡니다. 그 결과 정보 검색이 꽤 편해졌습니다.

도장이 참 성가십니다. 단지 막도장을 받으려고 서류를 보내오는 경우가 있습니다. 원본을 제출해야 하는 서류라면 몰라도 사본도 무관하다는 서류는 왜 막도장을 찍어 제출하게 하는지 모르겠습니다. 이메일에 첨부된 파일을 인쇄하여 도장을 찍고, 스캔해서 이메일로 다시 보낸 뒤 원본은 버리고. 노동력과 종이를 헛되게 쓰는 일입니다. 외국인은 사인만 해도 은행 통장을 만들 수 있으니 막도장 같은 것은 즉각 없앴으면 합니다.

돈에 관한 것도 전자화했습니다. 은행도 신용카드도 인터넷 서비스를 이용하고 있으니 입출금 관리는 모두 컴퓨터로 할 수 있습니다. 이쪽에서 발행하는 청구서도 거래처에서 오는 청구서도 전자화할 수 있는 것은 전자화하고 정 그렇게 하기 힘든 것은 스캔해서 쓰고 있습니다.

이런 일들은 모두 처음에는 제 자신의 업무를 간소화하고자 한 것들이었습니다. 그것을 추진하던 중 전자화한 정보는 쉽게 공유할 수 있다는 것을 깨달았습니다. 지금은 정보를 구글드라이브 외에 드롭박스 등의 서비스를 써서 가능한 한 직원들과 공유하고 있습니다. 질문하기 전에 자료를 조사하는 습관을 직원에게 가지게 하는 것은 교육 면에서도 효과적입니다. 본인이 직접 터득한 정보 쪽이 몸에 익히기도 쉽기 때문입니다.

이 점은 생물학으로도 증명된 사실입니다. 쥐의 수염은 인간의 손과 같은 역할을 하는데, 실험에 따르면 무엇인가가 우연히 수염에 닿을 때보다 스스로 수염을 움직여 뭔가를 만질 때 뇌의 감도가 열 배 정도 높다고 합니다. 능동적으로 얻은 정보가 잘 기억되는 것입니다.

그러다 중요한 것을 깨달았습니다. 정보를 공유할 수 있는 상대는 회사 안에 한정되지 않는다는 점입니다. 모든 정보를 어디서든 실시간으로 공유할 수 있으니 상대가 회사 밖에 있는 사람이라도 얼마든지 공유할 수 있습니다. 말하자면 업무를 외주로 맡기는 기반을 저도 모르게 갖췄습니다.

서툰 업무를 굳이 직접 하기보단, 멀리 있어도 일에 재미를 느끼며 기꺼이 도와주는 사람에게 맡기는 편이 일의 수준도 높아집니다. 정보를 다른 사람과 공유하기 쉽게 해두면 적절한 파트너십 구축에 유용합니다. 수 년 전 이 이야기를 주변 농부들에게 해도 누구도 알아듣질 못했습니다. 당시 저를 도와주던 세무사조차 제대로 이해하지 못하는 듯했습니다. 내 생각이 틀렸나 싶어서 IT쪽 일을 하는 친구에게 이야기를 해보자 모두들 벌써 그렇게 하고 있다는 답이 돌아왔습니다. 다행히 그 말을 듣고 앞으로는 함께 일할 사람을 밖에서도 찾자고 생각하게 되었습니다. 지금은 업무를 적절히 외부에 맡기지 않으면 농장이 돌아가지 않습니다. 게다가 아웃소싱 환경은 갈수록 좋아지고 있습니다.

괭이를 다루지 못하면 농사꾼이 아니라고?

'이 장은 IT 이야기 아니었어?'라고 생각하는 분도 계실지도 모르겠습니다. 그렇습니다. 거듭 말씀드리지만 제가 하는 말은 IT 자체가 아니라 일을 해내는 도구에 대한 이야기라고 생각하시는 편이 좋을지도 모릅니다.

뭔가를 할 때 우리는 눈앞에 있는 도구나 수단에 얽매이기 쉽습니다. 농작물을 생각해봅시다. 밭의 달인은 괭이 한 자루로 뭐든지 해치운다는 말이 있습니다. 연수 시절에 제게 농사일을 가르친 사람이 바로 그런 사람이었습니다. 늘 반들반들하게 손질된 괭이로 이랑 만들기, 도랑 내기, 흙 모으기까지 뭐든 해치웁니다. 율동적인 몸의 움직임은 넋을 잃게 할 정도였습니다. 저에게도 해보라고 해서 시도를 했지만 도무지 따라할 수 없었습니다. "대학을 나와봤자 쓸모도 없구만!" 하고 그야말로 놀림거리가 되고 말았습니다.

이렇게 보면 괭이를 다루는 기술이 영농 작업의 수준을 결정하는 것처럼 여겨집니다. 과연 그럴까요? 아닙니다. 괭이는 목적을 달성하기 위한 수단에 지나지 않습니다. 독립하고 나서 저는 이렇게 생각했습니다.

- 우선은 도랑 내기에 한정해서 생각하자.
- 도랑 내기의 목적은 과연 무엇인가?
- 그렇게 하려면 어떤 요소가 충족되어야 하는가?
- 그것을 달성하기 위해서는 나에게는 어떤 방법이 합리적인가?
- 그 방법은 경영상 현실적인가?

괭이를 잘 다루지 못하는 제게는 도랑 내기 전용 도구나 소형 경운기를 사용하는 것이 해결책이었습니다. 괭이보다 돈이 드는 것은 사실입니다. 하지만 그 값을 다 치를 수 있는 매출을 올리면 그만입니다.

괭이와 같은 단순한 도구는 범용성이 높은 대신 모든 사람들이 잘 쓸 수는 없습니다. 기능 습득에도 시간이 걸립니다. 한편 용도가 한정된 도구는 사용법이 간단해서 누구나 쓸 수 있습니다. 그 대신 다른 용도로 쓸 수 없고 특수한 도구일수록 가격이 비쌉니다. 어느 쪽이 맞다고 할 수는 없습니다.

다만 새로운 도구가 나타난 덕분에 괭이를 잘 다루지 못하는 사람도 농사일을 할 수 있게 된 것은 분명합니다. 다양한 도구와 기계 등이 개발되어 할 수 있는 일의 종류와 규모, 그것을 다루는 사람의 폭이 넓어졌습니다. 더 이상 농업은 괭이를 잘 쓰고 체력이 좋은 사람만 하는 일이 아닙니다. 우리 농장의 농장장이 왜소한 여성이라는 점이 바로 그 증거입니다.

마찬가지로 IT도 농업 경영을 쉽게 만들어주는 도구의 하나입니다. 컴퓨터가 없는 시대였다면 저는 농업을 하기 힘들었을 것입니다. 괭이를 잘 다루지 못하기 때문에 대체할 도구나 방법을 궁리하고 정보를 잘 다루지 못하기 때문에 컴퓨터의 힘을 빌립니다. 선반공이자 작가인 고세키 도모히로小関智弘는 《장인 정신으로 산다ものづくりに生きる》에서 "장인이란 물건을 만들 이치를 생각하고 도구를 궁리하는 인간"이라고 말합니다. 우리는 괭이를 잘 다루지 못하는 장인 집단인 것입니다.

"괭이를 다루지 못하면 농사꾼이 아니다." 그렇게 말하는 사람이 있을 수 있습니다. 그런 사람이 보기에 저는 농사꾼으로 실격입니다. 하지만 실력이 뒤떨어지기 때문에 채소를 재배하는 과정을 더 열심히 연구하고, 저에게 맞는 도구가 무엇인지 고민합니다. 남의 것을 베끼고 편법을 쓸지 몰라도 좋은 것을 만들고자 하는 생각은 남들에게 뒤지지 않습니다. 선택할 수 있는 도구와 기계가 많은 시대일수록 바탕에 깔린 열정이 더 중요하다는 생각을 떨쳐버릴 수 없습니다.

6장

자유롭되
가난하지 않은
농업론

자유롭고 싶지만 가난은 싫다

농업을 시작하려 할 때 누구나 먼저 생각하는 것은 돈 문제일 것입니다. 회사원 시절의 저도 물론 그랬습니다. 하지만 월급쟁이 가정에서 자랐기 때문에 자영업이 어떤 것인지에 대해 아무런 감이 없었습니다. 자영업자는 수입이 들쭉날쭉하기 때문에 월급쟁이의 세 배는 벌어야만 한다는 등 여러 가지 속설은 있지만 실제로는 어떨까. 그런 것을 두루 생각했습니다. "일단은 사업 계획부터"라고들 말하지만 어디부터 손을 대어야 할지 도무지 알 수가 없었습니다.

어쨌든 지금보다 수입이 주는 것은 틀림없다. 수입이 줄더라도 살아갈 수 있도록 지금부터 지출을 줄여 단출한 생활을 하도록 애를 쓰자. 그렇게 생각하고 가계부를 써보았습니다. 무슨 일이든 일단 해보는 것입니다. 저도 모르는 사이에 많이 지출하고 있던 것이 술값이었습니다. 밖에서 다른 사람들과 어울려 마시는 것을 제외하더라도 한 달에 5~6만 엔을 맥주나 소주를 사는 데 쓰고 있었습니다.

그렇지만 맥주를 좋아하는 저는 발포주發泡酒. 일본에서 맥아의 사용 비율이 낮은 맥주를 지칭하는 말는 인정할 수 없었기 때문에 음주량을 줄여 맥아 100퍼센트 맥주를 사수했습니다. 그 외에도 줄일 수 있는 것은 없을까 하는 생각에 이발소에 가는 것을 그만두었습니다. 앞으로 머리는 직접 깎기로 하고 1998년 8월에 근처 가전제품점에서 전동이발기를 사서 빡빡머리를 깎은 이래 16년간 한 번도 이발소에 가지 않았습니다. 소형 트럭 한 대 값 정도는 아꼈을 거라고 생각합니다.

오사카에 살던 때 아내의 직장 친구 중에 친환경적인 생활을 실천하는 사람이 있다는 소리를 듣고 그 생활을 견학하기도 했습니다. 냉장고를 쓰지 않는 등 도시에서는 생각하기도 어려운 너무나 이질적인 생활 방식에 놀랐지만 '하면 되는구나' 하고 생각하기는 했습니다. 여름이면 푹푹 찌는 오사카에서도 조금 흉내를 내보았고 이바라키로 이주한 첫해 겨울에는 냉장고 전원을 끄는 등의 방법으로 전기료를 절약했습니다. 귀찮아서 1년 만에 그만두기는 했습니다만.

감히 말씀드리자면 월급을 받으며 연수를 할 수 있어서 참으로 다행이었습니다. 돈을 모을 수 있는 정도는 아니었지만 저금이 축나지 않아 큰 도움이 되었습니다. 회사원 생활을 그만둔 사람은 처음 1년이 힘듭니다. 당장의 수입이 주는 데다 건강보험과 세금이 전년도 소득 기준으로 나오기 때문입니다. 스물여덟 살의 아무것도 없는 저 같은 사람도 꽤 고통스러웠으니 소득이 더 많은 사람은 자금 계획을 세우지 않으면 더 힘들 것입니다.

시골 생활이 신기했기 때문에 처음에는 가난한 생활을 즐겼습니다. 돈이 없어도 먹을 것이 있다는 것은 참으로 마음 든든한 일입니다. 식료품을 사느라 하루하루 돈을 쓰면 실제 이상으로 부담감이 크기 때문에 그렇게 하지 않아도 되어서 정신적으로 홀가분

했습니다.

시골에서의 자급자족 생활에 대한 동경으로 농업에 관심을 가졌기 때문에 애초에 돈에 집착은 없었습니다. 돈에 집착하지 않는 것은 경영자로서는 자랑거리가 아니지만 지금도 돈을 모으는 일에는 그다지 미련이 없습니다. 지위나 명예에도 처음부터 흥미가 없었습니다. 그보다 흥분되는 새로운 일을 하고 세상의 속박으로부터 자유롭고 싶다는 욕구가 늘 앞섭니다.

농업으로는 돈을 벌 수 없다고?

물론 앞으로 가난하게 살아도 좋다고 생각하지는 않았습니다. 가난한 생활을 즐기기는 했어도 점점 가난해지는 것은 정말 싫었습니다. 이유는 두 가지였습니다. 우선 사회 속에서 일정한 역할을 하고 싶었고, 또 농사로 돈을 벌 수 없다는 생각 그 자체에 동의할 수 없었기 때문입니다.

새로 농업을 시작하려는 사람은 대개는 뭔가 특별한 이유를 품고 있는 법입니다. 도시 생활에 의문을 느꼈다든지 안심할 수 있는 먹거리를 스스로 만들고 싶어졌다든지. 안정된 생활보다 소중히 여기고 싶은 것이 있기 때문에 농업의 길을 택했다는 사람이 많을 것입니다. 세상도 또한 그런 사람을 편듭니다. 언론에 나오는 회사원 생활을 청산하고 농업 종사자가 된 사람들의 이야기는 모두 "안정된 생활을 버리고 돈보다 소중한 것을 좇는 삶을 찾았다"라고 결론을 내리는 것들뿐입니다. 마치 돈을 벌어서는 안 된다고 말하는 듯합니다.

실제로 유기농 종사자 사이에는 최근까지 청빈을 떠받들고 돈 이야기를 꺼리는 풍조가 있었습니다. 이전에는 유기농 종사자들끼리 이야기를 하고 있으면 곧바로 가난 자랑, 고생 자랑이 시작되곤 했습니다. 그것 봐, 채소는 돈이 안 돼. 그것 봐, 농업은 보람이 없는 일이라니까. 농약을 쓰는 사람들은 쉽게 한몫 벌고 있어. 이런 소중한 일을 이해하지 못하는 사회가 나쁜 거야. 정치가 문제야. 아니야, 교육이 문제라고. 결국 이런 이야기로 빠져듭니다.

그런 말은 반사회적인 언동을 멋있다고 생각하는 젊은이 특유의 반골 성향에 영향을 받은 것입니다. 저도 그런 면이 많은 사람입니다. 그래서 동의하는 부분도 있지만 매번 이런 이야기만 하는 건 곤란합니다. 특히 다른 사람을 공격하여 자신이 하고 있는 일을 정당화하는 것은 아무래도 맘에 들지 않았습니다. '가난해지면 우둔해진다는 말이 바로 이거구나' 하는 생각이 들어 함께 어울리기가 싫었습니다.

체제를 헐뜯으며 시름을 푸는 모습이 회사원 시절에 술자리에서 본 광경과 겹쳐 보였습니다. 회사 험담을 늘어놓을 때 상사들은 자주 "지금이야말로 경영진이 변해야 할 때야"라고 말하곤 했습니다. 저는 그것에 강한 반감을 느꼈습니다. '그건 아니잖아, 지금 변해야 할 사람은 당신이야'라고. 그래서 좋아하는 일을 하며 살아가겠다고 생각했습니다. 농업 종사자들의 사회 비판에 대해서도 똑같은 생각이 들었습니다. '자영업이니까 싫으면 그만두면 되잖아.' 지금 생각하면 주변 사람에 대한 조바심이 누구도 아닌 한심스런 제 자신을 향했던 것입니다.

더 가난해지고 싶지 않았던 두 번째 이유는 농사는 돈이 안 된다는 통념에 대한 의문이었습니다. 농사가 돈이 안 되는 것일까요, 아니면 그 사람이 돈을 못 버는 것일까요. 세계의 모든 농업 종사자가 가난하지는 않습니다. 제대로 꾸려가는 사람도 있습니다. 그렇다면 방법이 문제라고 생각했습니다.

실제로 농업은 돈을 벌기 힘든 일인지도 모릅니다. 그렇다면 역설적으로 돈벌이를 잘하는 사람이 해야 하는 일이 아닐까도 생각했습니다. 자기가 만든 것을 팔 궁리도 제대로 하지 않은 채 일방적으로 소비자 탓만 하는 것은 이상한 일일 뿐만 아니라 해결책도 될 수 없다고 생각했습니다. '유기농 농산물이 정말로 좋은 것이라면 제대로 팔기만 해도 평범한 농산물과 정면 승부해서 이길 수 있을 것이다.' 불리한 재배 조건을 극복한다면 공정한 경쟁을 거쳐 멋진 승리를 거둘 수 있을 거라 믿었습니다.

저는 어떤 문제를 사회 탓으로 돌리는 것을 원래 좋아하지 않습니다. 그렇게 하면 일종의 사고 정지에 빠져들어 그 이상 깊은 생각을 하지 않게 되기 때문입니다. 물론 개인적으로 어떻게 할 수 없는 문제도 있습니다. 하지만 적어도 유기농 채소가 팔리지 않는 게 사회의 탓은 아닐 것입니다. 만약 수요가 전혀 없다면 그것은 세상이 필요로 하지 않는다는 증거입니다. 유기농 운동은 그 이념에 공감하는 소비자가 있었기에 유지될 수 있었고, 생산자도 그런 소비자들과 공존했던 것입니다.

이념 없는 경제는 죄악이고 경제 없는 이념은 잠꼬대다

에도시대 말기의 행정가 니노미야 손토쿠二宮尊徳가 남긴 말이라고 합니다. 실제로 그가 한 말인지에 대해선 논란도 있는 모양입니다만.

유기농을 그저 잠꼬대로 끝내버려야 할까? 이 질문은 이념을 내건 선구자 세대로부터 바통을 이어받은 우리 세대에게 부과된 커다란 과제였습니다. 기존의 농업계는 유기농이 그저 유치한 장난이라며 웃어넘겼고, 유기농 종사자들은 중요한 것은 돈이 아니라며 수익성을 정면에서 논하지 않았습니다. 유기농을 이어가고 발전시키려면 피해갈 수 없는 중요한 문제인데도 그 점을 입에 담는 사람은 소수였습니다. 요즘 젊은 농업 종사자는 상상하기 어려울지도 모릅니다만 당시에는 돈 이야기를 하기만 해도 모든 사람에게 미움을 사는 분위기가 감돌고 있었습니다.

선구자들의 공적은 인정합니다. 하지만 한마디 덧붙인다면 유기농 1세대가 돈을 중시하지 않았던 것은 농산물을 판매하는 데 애를 먹지 않았기 때문이라고 생각합니다. 1990년대 말의 생산자와 유통 관계자들 중에는 "1970년대 소비자는 전철을 타서라도 멀리서 사러 왔다. 요즘 소비자는 편한 것만 찾는다"며 한탄하는 이들도 있었습니다. 그 의견을 100퍼센트 부정하진 않겠습니다. 하지만 당시에는 유기농 농산물을 다른 곳에서 살 수 없기 때문에 멀리서 올 수밖에 없었던 것은 아닐까 생각합니다. 그런 시대에 유기농 농산물이 물건의 가치로 지지를 받았는지 희소함의 가치로 지지를 받았는지는 검증이 필요합니다. 어쩔 수 없이 샀던 것을 두고 적극적으로 지지를 받았다고 여기는 것은 잘못된 해석입니다.

무엇보다 1990년대에 제가 유기농으로 돈을 벌고자 생각했던 것은 그런 거창한 이유 때문만은 아닙니다. 원래 저는 누가 안 된다고 하면 고집을 부려서라도 해보고 싶어 하는 그런 인간입니다. 무리라는 말을 듣는 순간 제 안에서 불꽃이 타오릅니다. 계산과는 아무 상관이 없는 조건반사적인 반응입니다. 그래서 실패도 합니다만 바탕에는 다른 사람이 안 된다고 하는 것을 해내려는 모험심이 남아 있습니다.

당시에는 유기농을 하는 사람이 아직 적어서 제 마음대로 할 수 있는 여지가 많이 있었습니다. 미개척 분야가 많은 만큼 노력만 한다면 성공할 수 있으리라 생각했습니다. 2014년인 지금 제가 무언가를 시작하려는데 누군가가 유기농은 어떻냐고 권한다면 아마 택하지 않으리라 생각합니다. 이젠 유기농은 드물지도 않고 앞으로 크게 눈에 띌 일도 없습니다. 모두가 유기농의 사업 전략을 말하고 있는 이런 시대에 제 마음에 불이 붙는 일은 없을 거라 생각합니다. 원래 심통이 사나운 인간이라 어쩔 수 없습니다.

소통을 피하면 사업을 할 수 없다

돈 이야기로 돌아갑시다. 남녀노소를 불문하고 적지 않은 도시 사람들이 농업에 흥미를 가집니다.

"도시는 숨이 막힌다. 일본인 열 명 중 여덟 명은 원래 농민이었다. 땅과 함께하며 먹거리를 자급하는 여유로운 전원생활이야말로 창조적인 삶이다."

이런 말을 한 번은 들어본 적이 있을 것입니다. 지적 수준이 높은 사람일수록 그런 의견에 혹하기 쉬운 모양입니다.

여담입니다만 '일본인 열 명 중 여덟 명은 농민이었다'라는 말은 잘못된 해석에 근거하고 있습니다. 역사학자 아미노 요시히코 網野善彦가 밝혔듯 "8할이 백성百姓. 현재 일본에서 농민이란 뜻으로 쓰이는 단어이었다"라는 글을 두고 오해한 것입니다. 옛날엔 백성이란 말은 농업을 생업으로 하는 사람이 아니라 평민이란 신분을 이르는 말이었다는 것이 밝혀졌습니다. 시대에 따라 다르겠지만 소위 농업 인구는 많아야 4할 정도였다고 합니다.

그런데 전원생활을 지향하는 사람이 말하는 전원이란 대부분의 경우 여가로서의 텃밭과 취미로 하는 원예, 즉 즐기기 위한 것들입니다. 생계를 고려한 직업으로서의 농업과는 다릅니다. 그런데 어찌된 일인지 그런 사람들이 농부가 되고 싶다고 말하고 주위 사람들이 그렇게 불러주기를 바랍니다. 낚시를 하는 사람들 대부분이 어부를 자칭하지도 않고 그렇게 불리고 싶어 하지도 않는 것과

대조적입니다.

기존의 농부 대다수도 경제에 대한 것을 생각하지 않으니 전원생활을 지향하는 사람에게 채산성을 요구하는 것은 지나칠지도 모릅니다. 실제로 취미와 전문성을 구별하지 못한 채 엉거주춤 농업을 시작해 제대로 생산도 하지 못한 채 시골을 떠나는 사례가 끊이지 않습니다. 잘 생각하면 전문적인 농사꾼 대부분은 기술, 설비, 판매처가 이미 있지만 오랜 시간 노동을 계속해도 그다지 돈을 벌지 못합니다. 그런 조건도 갖추지 못한 신참이 여유롭게 일을 해서 자리를 잡기는 너무나 어렵습니다.

구니타치팜国立ファーム의 대표인 다카하시 가나리高橋かなり 씨는 오타쿠를 타인의 마음보다 자신의 마음을 우선하는 사람이라고 정의합니다. 자신이 좋아하는 것에 강한 흥미를 느끼기 때문에 그것을 잘 연구해 재미있는 것을 만드는 경우도 있습니다. 다만 자신이 만든 것이 상품으로서 시장 가치가 있는지 파악하고 사업으로 연결시키는 데 약합니다. 다른 사람에게 흥미가 없고 의사소통 능력이 결여되어 있기 때문입니다. 의사소통이란 자신과 타인의 마음의 접점을 찾는 일입니다. 사람의 마음에 흥미가 없다면 할 수 없는 일입니다.

오타쿠의 장단점을 논하려는 것은 아닙니다. 자신의 마음을 우선하고자 하는 사람은 사업에서 성공하기 힘드니 좋아하는 것을 직업으로 삼고자 한다면 동업자를 찾는 등 다른 방법으로 보완해야만 한다는 것입니다. 만약 그것이 싫다면 취미에 머무르는 편이 차라리 낫습니다.

신규 취농자든 기존의 농부든 농사로 돈벌이를 제대로 하지 못하는 사람들은 의사소통에 문제가 있는 경우가 적지 않습니다. 자신이 최고라는 생각으로 재배에 자신만의 고집을 부리는 사람일수록 그런 경향이 강합니다. 나는 이렇게 하고 싶다, 농산물은 이래야만 한다는 생각이 너무 강해 그것을 다른 사람에게 강요하기 때문입니다. 그런데 앞에서 서술한 것처럼 농업은 돈을 벌기 힘든 일이니 더욱 돈으로 잘 연결시켜야 합니다. 말하자면 보다 높은 의사소통 능력이 필요한 것입니다.

그런 의미에서 말하면 억지가 심하고 자기실현 욕구가 강한 옹고집 유형인 사람은 농업과 사업상 궁합이 좋지 않습니다. 농사꾼이 종종 "사회가 나쁘다", "소비자가 이해를 못한다"라고 한탄하기만 하고 상황을 타파하지 못하는 이유는 이런 유형의 사람이 많기 때문이라고 생각합니다.

좋아하는 일도 돈이 있어야 계속할 수 있다

돈을 벌어야만 한다고 말할 생각은 없습니다. 이렇게 말하는 저 자신도 돈벌이에 열을 올리지 못하는 인간입니다. 하지만 돈이란 그 사람이 사회에 제공할 수 있는 가치의 지표이기도 합니다. 사업의 매출이 높다는 것은 그만큼 많은 사람의 필요를 충족시키고 있다는 말입니다. 일에 자부심을 가진 사람은 자신이 하고 있는 일이 매우 가치 있는 일이라고 생각할 것입니다. 어느 누구도 간섭할 수 없는 소중한 마음입니다. 하지만 자신 안의 가치와 시장에서의 가치는 동등하지 않습니다. 그 두 가치 사이에 다리를 놓는 것이야말로 좋아하는 일을 해서 먹고사는 데 필수 조건이고 경영의 근간입니다.

좋아하는 농업을 계속하고자 한다면 무엇보다도 농장을 거덜내지 않아야 합니다. 망해버리면 자신은 물론 고객도 그 일을 즐길 수 없게 되기 때문입니다. 우리 농장에도 지금까지 수없이 위기가 찾아왔습니다. 하지만 그때마다 여기서 끝낼 수 없다고 생각했습니다. 아직 앞날이 있다고 믿었고 기다려주는 고객이 있었기 때문입니다. 자신이 하는 일이 사회에도 가치가 있는 일이라고 확신하지 못하는 사람은 힘들면 손쉽게 포기하고 맙니다. 그래서 위기를 뛰어넘지 못하는 것입니다.

불경기가 닥쳐오거나 동일본대지진과 같은 커다란 재해에 직면할 때마다 제 주위에서도 동료가 한 사람씩 떠나갔습니다. 사업을 계속 이어나가는 것은 힘든 일입니다. 그래도 신은 인간이 이겨낼 수 없는 시련은 주지 않는다고 합니다. 시련이란 문자 그대로 시험을 받는 일입니다. 자신이 하는 일을 정말로 좋아하는지. 세상이 그것을 좋다고 생각하게끔 노력을 하고 있는지. 위기 때마다 그렇게 시험을 받는 것입니다.

말은 그럴싸하게 하는 저에게도 힘들 때가 있습니다. 시간을 자유롭게 쓸 수 있는 일임에도 아이와 놀아줄 시간이 없으면 쉬는 날엔 일을 깨끗이 잊고 가족과 시간을 보낼 수 있는 회사원이 부럽습니다. '농업이 정말로 가족을 희생해서까지 할 정도의 일이냐?'라는 소리가 들려오는 듯합니다. 곰곰이 생각하면 자신의 일을 얼마나 좋아하고 그 가치를 확신하는가 하는 물음입니다.

"아빠는 네 학비 때문에 참고 일하는 거야"라고 말하는 건 비겁한 변명일 뿐입니다. "아버지는 지금 하는 일이 좋으니까 내버려 둬"라고 당당하게 말할 수 있습니까, 없습니까. 그런 말을 하는 사람은 아버지로서는 실격입니다만, 그렇게 딱 잘라 말할 수 있는 동안은 그 일을 계속할 수 있다고 생각합니다.

개성이 강점을 발휘하는 시대

어떤 것을 만드는 일은 아주 재미있습니다. 그런 재미를 상징하는 대표적인 일이 제게는 목공과 농사입니다. 그중에서도 농업은 만드는 행위에 사람이 관여할 수 없다는 데 그 재미가 있습니다. 사람은 식물이 자라는 과정 자체에는 직접 관여할 수 없습니다. 기껏해야 작물이 잘 자라도록 환경을 갖출 수 있을 뿐. 그럼에도 결과물을 보면 실력 차이가 나는 점도 재미있습니다. 만들 수 없는 것을 만드는 일. 그것이 농업입니다.

지금의 농업은 많은 사람들이 생각하는 것과는 달리 자연과 거리가 멀고 인위적입니다. 그래도 여전히 자연의 섭리에 얽매입니다. 4장에서 '사람이 하는 일이 3할, 하늘이 하는 일이 7할'이라는 말을 소개했습니다. 그처럼 농업은 통제가 되지 않는 부분이 많아 오히려 의욕을 부추깁니다.

키우기만 해도 재미있으니 팔기까지 하면 재미가 없을 리 없습니다. 수확한 것을 손수 파는 재미에 맛을 들이면 키우는 것과 파는 것 둘 중 어느 하나도 다른 사람에게 넘기고 싶지 않게 됩니다. 물건을 파는 일은 사냥과 비슷하다고 합니다. 인간은 화폐 경제가 시작되기 전부터 사냥을 했습니다. 사냥의 쾌감은 뇌에 새겨진 본능일 것입니다. 재배가 뜻대로 잘되고 고객이 좋아하고 적당한 돈이 꼬박꼬박 들어온다. 이 세 가지가 딱 들어맞으면 흥분을 느낍니다.

지금의 일본은 물건이 팔리지 않는 시대입니다. "좋은 것을 만들면 반드시 팔린다"라고 말하는 사람은 20세기의 성공 체험에서 벗어나지 못했거나 아무 생각이 없거나 둘 중 하나입니다. 그럼 요즘이 불행한 시대인가 하면 그렇지는 않습니다. 지금 쪽이 당연히 재미있습니다.

거대한 수요가 늘 존재하고 물건을 진열하면 팔렸던 대량 생산, 대량 소비의 시대에는 균일한 것을 얼마나 효율적으로 생산하고 내보내는지가 중요했습니다. 그런 시대에는 만드는 사람, 옮기는 사람, 파는 사람이 확실히 나누어져 있고 장벽도 높았습니다. 그런 흐름을 따른 사람이 돈도 벌고 세상의 발전에도 공헌할 수 있었을 것입니다.

지금은 물건이 쉽게 널리 퍼지는 시대가 되었습니다. 같은 물건을 진열해놓기만 해서는 제대로 팔리지 않습니다. 다양한 욕구에 맞춰 다양한 종류의 물건을 조금씩 진열해야 비로소 찔끔찔끔 팔리는 그런 상황입니다. "국민 모두가 탐내는 최후의 상품은 휴대전화였다"라고 할 정도로 국민적인 히트 상품은 이미 없어지고 말았습니다.

이런 상황을 긍정적으로 받아들이면 까다로운 수요에 맞춰 작은 사업을 일으킬 수 있습니다. 유통의 최소 단위조차 되지 않는 작은 수요를 제조업자가 직접 챙기고 대상을 아주 정확히 노려 생산, 판매하는 것도 가능합니다. 저는 농업 종사자도 영업이라는 사냥에 나설 시대가 되었다고 생각합니다.

지금은 소매점이 떠넘기는 물건을 고객이 불평도 하지 않고 사는 그런 시대가 아닙니다. 마구잡이에 특징도 없는 가게는 고객들이 쉽게 싫증을 냅니다. 앞에서 언급했던 고야스 다이스케 씨는 "음식점은 개별 점포 시대다"라고 말합니다. 같은 변화가 모든 업계에서 일어나고 있다고 생각합니다.

틈새시장을 노릴수록 전체를 보라

저는 농업을 시작할 때부터 제가 재배한 농산물을 직접 고객에게 팔고 싶다고 생각했습니다. 하지만 어떻게 할 것인지에 대한 전략은 없었습니다. 회사원 시절에는 영업직이었지만 마케팅 공부를 제대로 한 적은 없습니다. 다만 한 팩에 100엔짜리인 싸구려 채소가 넘치는 근처 직판장에 제 채소를 진열하고 싶지는 않았습니다. 소중히 기른 채소는 소중히 팔고 싶었기 때문에 처음엔 이렇게 정했습니다. 일단 유기농을 하는 선배들을 흉내 내어 채소 여러 종류를 세트로 만들어 고객에게 직접 팔자. 가까운 곳에는 직접 배달하고 멀리는 택배로 보내자.

그와 동시에 무언가에 얽매이지 말고 마음 편하게 농사를 짓자고도 생각했습니다. 당시 유기농 농부들 대부분은 생산자와 소비자가 강하게 이어지는 특수한 유통 형태인 제휴라는 시스템을 택했습니다. 그저 상품을 팔기만 하는 대신 사람과 사람 사이의 관계를 중시하는 생협 운동을 한층 발전시킨 형태입니다.

제휴는 생산자와 소비자의 상호 부조를 이념으로 합니다. 생산물은 원칙적으로 소비자가 전량 인수하고 인수 가격은 양자가 의논해 결정하며 소비자도 작물 심기에 관여합니다. 생산자의 생활을 계속 보장하고 함께하면서 전체 시스템을 민주적으로 운영하는 것이 핵심입니다. 훌륭한 생각이고 이 시스템 덕분에 많은 유기농 농부가 태어난 것도 사실입니다.

다만 어느 정도 기술 체계가 확립되어 래디쉬보야 등의 전문 유통 단체가 활약하기 시작한 1990년대 말에는 이미 시대에 맞지 않는 방법이 되어가고 있었습니다. 소비자 입장에서 보면 유기농이라는 사상까지 강요받는 데다 일단 참여하면 간단히 그만둘 수 없으니 부담스럽습니다. 그래서 저는 좀 더 가입과 탈퇴가 자유로운 방식으로 판매하자고 생각했습니다. 생산자 입장에서도 어떤 채소를 키울 것인지까지 고객에게 참견을 받지 않고 자유롭게 재배하고 싶었습니다. 지금까지 정기 구입제를 유지하고는 있지만 마치 강요를 하는 것처럼 받아들여지지 않도록 조심할 생각입니다.

다품종을 유기농으로 재배하는 것은 확실히 번거롭고 힘든 방법입니다. 처음에는 재배하는 것만으로도 지쳐서, 이렇게 애써서 키우니까 그냥 사달라고 애원하고 싶기도 했습니다. 하지만 시장 전체를 바라보면 유기농 농산물, 그것도 정기 구입제 상품이라는 것이 얼마나 특수한지 알고 있습니다. 농업법인에서 연수를 받던 시절에 여러 형태의 유통에 관여한 것이 큰 도움이 되었는지도 모릅니다.

데이진에 다니던 회사원 시절에도 가격이 비싸고 생산량은 적지만 상품 자체에는 강점이 있는, 타깃이 좁은 상품을 취급했습니다. 틈새시장을 노리는 사람일수록 전체 시장을 잘 봐야만 한다는 것이 당시의 제 지론이었습니다.

유기농도 마찬가지라고 생각합니다. 백 명 중에 쉰 명이 살 상품과 백 명 중 한 명만 사는 상품이 있다고 합시다. 후자를 팔려면 어떻게 해서든 그 한 명을 찾아내야만 합니다. 그런 상품의 경우 광고비를 써서 전단지를 뿌려도 별 효과가 없으니 입소문에 의존할 수밖에 없습니다.

고객의 입장에서 보면 선택을 할 수 없는 채소가 일방적으로 오는 것은 불편합니다. 그런 단점을 감수하더라도 장점이 더 많다고 생각하는 사람들만이 고객이 될 것입니다. 어쨌든 먹고 결정하게 끔 하자. 먹어보고 싫다고 하면 단념하는 수밖에 없다. 그렇게 생각하니 결국 지금 하고 있는 판매 방법밖에 떠오르지 않았습니다. 거꾸로 생각하면 이 시기부터 가격 경쟁에 흔들리지 않는 방법을 찾았다고 할 수 있습니다.

늘 100점짜리만 만들어야 할까?

입소문이란, 말하자면 지인을 통해 퍼지는 것입니다. 처음에는 친구나 친척에게 불고체면하고 무작정 이메일을 보냈습니다. 반겨준 사람도 많았지만 더러 인간관계를 장사에 이용하는 거냐며 싫어하는 사람도 있었습니다. 자기 주변에 자영업자가 없는 사람은 장사꾼을 천하게 여기는 경향이 있습니다. 그래도 채소를 권하는 일이 폐를 끼치는 짓이라고는 생각하지 않았기 때문에 그런 일이 생겨도 애써 무시하고 넘어갔습니다.

아는 사람이 산다고 하면 부담이 없어 보입니다만, 실은 도리어 신경이 쓰입니다. 실수를 저지르면 안 되기 때문입니다. 제가 보내는 채소를 반가워하리라 생각하고 하는 일이니 일부러 소홀히 하진 않습니다. 하지만 악천후나 실수 탓에 "토마토가 맛이 없다", "오이가 들어 있지 않았다"와 같은 고객 불만은 반드시 발생합니다. 일부러 그런 게 아닌데도 화를 내는 분들도 있습니다.

그럴 때 상대가 지인이라면 관계도 악화되고 맙니다. 모르는 사람이라고 해서 괜찮다는 것은 아닙니다만 지인에게 폐를 끼치게 되면 두고두고 마음에 짐이 됩니다. 특히 막 시작했을 무렵에는 기술이 부족해서 실패를 피할 수 없었습니다. 그 때문에 저희 채소를 사지 않게 된 분도 많습니다. 오랫동안 죄송한 마음을 떨칠 수 없었습니다. 지금은 조금 익숙해졌지만 마음이 불편한 것은 마찬가지입니다.

저는 그런 마음을 잊지 않기 위해 지금까지 채소 정기 구입을 그만둔 분들의 연락처를 모두 보관하고 있습니다. 지금은 고객 수가 늘어나기는 했지만 여전히 구매를 그만둔 분들의 수가 더 많습니다. 이따금 그 목록을 바라보면서 '그때의 실패가 고스란히 남아 있구나. 지금 다시 도전하게 해줬으면' 하고 아쉬워합니다. 예전 일을 상대는 이미 잊어버렸으리라 생각해도 제 입장에선 조금도 마음이 편해지지 않습니다.

물론 계약 재배 농가나 시장에 출하하는 농가도 고객에게 폐를 끼치지 않기 위해 노심초사하고 있을 것입니다. 그래도 우리처럼 모든 것을 고객에게 직접 보내는 입장에선 긴장감이 더 큽니다. 전화가 울리거나 이메일이 올 때마다 '이런, 항의 전화인가!' 하고 가슴이 철렁하고, 채소가 실망스러웠다는 지적을 들으면 마음이 울적합니다. 그런 조마조마함 때문인지 채소가 맛있다는 칭찬을 들으면 기쁨도 더욱 큽니다.

재배가 순조로울 때도 있고 그렇지 않을 때도 있습니다. 특히 노지에서 하는 유기농 재배는 상황이 좋지 않을 때는 정말 크게 실패합니다. 물건이 좋을 때는 자신만만하게 내놓을 수 있습니다. 문제는 제철이 지났거나 날씨가 나빠 재배가 어려울 때입니다. 일부러 나쁜 물건을 내놓진 않지만 안정되게 100점을 받기는 힘듭니다. 그런 상황이 닥치면 솔직히 인정한 뒤 고객에게 정직하게 말하고, 물건이 완벽하지 않더라도 고객들이 기뻐할 수 있도록 하는 일이 참 어렵습니다.

가게 입구에 '국물을 제대로 준비하지 못해 오늘은 쉽니다'라고 쓴 쪽지를 붙이고 쉬는 라면 가게를 발견하곤 합니다. 자신만만한 국물을 1년 내내 안정적으로 낼 수는 없을 테니 가게를 쉬는 게 잘못은 아닙니다.

하지만 저는 그런 걸 좋아하지 않습니다. 고객에게서 도망치는 것 같아서입니다. 저는 생산자 직판은 생산과 판매 사이의 벽을 허무는 것이라고 생각합니다. 벽을 두지 않기 때문에 밭에서 고객의 얼굴을 떠올리며 '그 분, 가지를 좋아하지', '이 분은 작년에는 옥수수 맛이 별로였다고 했으니까 올해는 만회를 해야지'라고 생각하는 것입니다. 그런 재배 방식이 직판형 농업의 재미이고 작은 농업의 무기입니다. 그렇기 때문에 고객과 재배로부터 절대로 도망쳐서는 안 됩니다. 그런 부분이 무너지는 순간 경쟁력을 잃을 수밖에 없습니다.

우리의 경쟁 상대는 채소 가게다

훌륭한 영업자란 어떤 사람일까요? 제 생각으로는 어떤 물건이든 잘 팔 수 있는 사람입니다. 그런 점에서 저는 본디 영업자나 장사꾼으로서는 형편없는 인간입니다. 제가 정말로 좋아하는 물건밖에 팔지 못하기 때문입니다. 진정한 장사꾼은 팔 물건을 가리지 않습니다.

회사원 시절에는 좋아하는 부서에 배치되었기 때문에 나름대로 즐겁게 영업 업무를 했습니다. 하지만 마음을 담아 물건을 팔았는가 하면 그건 아닌 것 같습니다. 정해진 규칙 아래서 게임을 하고 있었다는 느낌입니다. 하지만 덕분에 자사 제품과 타사 제품을 객관적으로 보고 팔 수 있었습니다. '영업'을 진지하게 추구한다면 좋아하는 물건만 팔아서는 안 됩니다.

채소 가게를 생각해봅시다. 많은 채소 가게가 어떻게 고객에게 기쁨을 주고 어떻게 좋은 채소를 갖출지 고민하고 있을 것입니다. 그렇지만 모든 물건을 진심으로 사랑하고 있진 않다고 생각합니다. 팔고 싶지 않은 물건을 팔아야 할 때도 있고, 원하는 물건이 들어오지 않을 때도 있을 것입니다. 반대로 '이거다!'라고 생각한 물건이 매장에 어울리지 않는 경우도 있을 것입니다.

그래도 매일 기분 좋게 "어서 오세요!"라고 말하며 손님을 맞아야 합니다. 나쁜 것을 무리하게 권할 필요는 없습니다. 하지만 "이런 건 사지 않으시는 게 좋습니다"라는 식으로 말하면 팔 수 있는 물건도 팔지 못합니다. 고객의 신뢰도 잃고 맙니다. 생각한 그대로 말하는 것이 고객 서비스는 아닙니다.

"영업자는 거짓말은 하면 안 되지만 사실을 말할 필요는 없다"라는 말이 있습니다. 얄궂게 들립니다만 진실을 담고 있습니다. 신선하지 않은 토마토를 팔면서 오래됐으니까 생으로 먹지 말라고 말하는 것과, 너무 익었으니까 소스로 만들면 좋다고 말하는 것은 다릅니다.

이런 점이 직판형 농업의 약점입니다. 직판형 농업의 생산자들 대부분은 자신의 농산물을 좋아해서 다른 사람에게 직접 팔고자 하는 사람들입니다. "내가 키운 채소를 좋아하는 게 뭐가 잘못이야!"라는 소리가 들려올 법합니다. 물론 자기가 만든 것에 애착을 갖는 것은 좋은 일이고 저도 그런 유형에 속하는 사람입니다.

다품목 농가의 경쟁 상대는 다른 농가가 아니라 다양한 채소를 갖춘 채소 가게, 과일 가게입니다. 하지만 채소 종류를 다양하게 갖춰 폭넓은 고객의 욕구에 응하는 식으로는 채소 가게에 절대로 이길 수 없습니다. 상품에 대한 애착이 클수록 만날 수 있는 고객의 폭은 좁아지는 법입니다.

'채소 가게 같은 생산자'라는 방법론도 있습니다. 근처에 있는 한 과수원은 포도를 조금 재배하고 있지만 매장에서 파는 대부분의 상품은 매일 아침 시장에서 구입해 트럭으로 실어옵니다. 비효율적인 짓이니 차라리 생산을 그만두면 어떨까 싶지만 그쪽은 농가라는 간판이 판매에 도움이 된다고 판단했을 것입니다.

*

　뒤집어 말하면 생산을 하고 있기 때문에 도리어 판매 방법이 정해진 것입니다. 그 과수원은 겉치레로 생산도 계속하면서 나머지 상품은 시장에서 매입하는 비효율적인 경영 방식을 유지해야만 합니다. 좋든 싫든 생산자의 영업은 소매만 하는 것에 비해 판매 방법의 폭이 좁을 수밖에 없습니다.

자기 자신의 시급을 정하라

처음 몇 년 동안은 필사적으로 자금을 조달해야 버틸 수 있었습니다. 하지만 적자를 겨우 벗어나자, 당장 돈이 돌고 있어도 안정적으로 이익을 내지 못하면 사업을 계속할 수 없음을 깨달았습니다.

적절한 투자를 할 수 없기 때문입니다. 돈이 없을 때는 지금의 방법이 효율적이지 않다는 것을 알아도 무턱대고 열심히 하는 수밖에 없습니다. 저도 계속 쓸 수 있는 유일한 자원인 제 몸을 혹사시키고 쓰러지곤 했습니다. 30대 중반 무렵부터는 그것도 불가능하다는 것을 깨달았습니다만….

하지만 기계나 도구 등에 투자를 하지 않으면 앞으로 나아갈 수 없습니다. 혼자서 하는 농업이었기 때문에 처음부터 노동력이 터무니없이 부족했습니다. 재배 면적도 좀 더 넓히고 싶다. 영업도 하고 싶다. 시간이 없다. 하지만 사람을 고용할 수 있는 형편은 아니었기 때문에 기계에 투자해야겠다고 생각했습니다. 1.7헥타르까지는 혼자 했지만 채소의 종류가 많은 데다 출하까지 해야 하니 그보다 규모가 커지면 품질을 유지할 수 없었습니다. 일반적인 농가라면 부부 둘이서 홀가분하게 경작할 수 있을 면적입니다.

기둥을 땅에 박고 방수 천막을 두르기만 한 가건물에서 겨울철에 손을 녹여가며 밤늦게까지 출하 작업을 하는 것은 그나마 몸으로 때울 만했습니다. 그런 다음 집으로 돌아가 고타쓰炬燵. 이불을 덮은 탁자 안쪽에 전기히터가 들어 있는 난방 기구에 앉아 사무 업무를 보다 공부를 하고, 피곤하면 그대로 엎드려 한두 시간 자다가 깨면 다시 일을 하는 하루하루가 반복되었습니다. 열심히 하는데 주위 사람이 인정해주지 않는 것도 불만이었습니다. 인간관계도 삐걱거려서 이래서는 안 되겠다고 생각했습니다.

혼자 농사를 짓는 이상 가족과 함께 일하는 사람보다 설비가 충실하지 않으면 일이 돌아갈 리가 없으니, 좀 지나치다는 느낌이 들 정도로 도구와 기계를 갖췄습니다. 아무튼 기계화를 통해 시간을 벌자고 생각했습니다.

그렇다고 이것저것 가리지 않고 무턱대고 살 수도 없습니다. 한계를 어떻게 정하면 좋을까. 그때 참고가 된 책이 있습니다. 미야자키宮崎에서 포도를 재배하고 있는 스기야마 쓰네마사杉山經昌 씨의 《농업으로 사업을 일으킨다!農で起業する!》입니다. 스기야먀 씨는 자기의 노동 단가를 정하라고 합니다. 자신이 시급을 얼마를 받고 싶은지 정하면 다른 일은 저절로 정해진다는 것입니다.

대략적으로 예를 들어 보겠습니다. 부부 둘이서 1년 동안 합쳐 4000시간을 일해 600만 엔을 번다고 칩시다. 계산하면 다음과 같습니다.

600만 엔÷4000시간＝시급 1500엔

이대로 좋다고 한다면 이 노동 단가에 기반해 여러 가지 작업의 비용을 산정하면 됩니다. 가지 고랑에 난 잡초를 제거하는 작업을 한 번 하는 데 고랑 한 개당 1시간이 걸렸다고 칩시다. 이 경우 제초 작업 1회에 드는 비용은 1시간치 시급인 1500엔입니다. 1년에 4회 제초한다고 치면 한 철에 고랑 한 개당 제초 비용은 6000엔, 노동 시간으로 보면 4시간이 됩니다.

한편 일일이 제초 작업을 하지 않는 방법도 있습니다. 빛이 통하지 않는 멀칭비닐로 고랑을 덮어버리는 방법입니다. 고랑 한 개 길이의 7500엔짜리 멀칭비닐을 4년 동안 쓴다 치면 1년에 약 1900엔. 설치와 철거에 2시간 걸린다고 가정하면 1년에 고랑 한 개를 멀칭으로 제초하는 데 드는 비용은 다음과 같습니다.

시급 1500엔×2시간+자재 1900엔=4900엔

비용도 노동 시간도 줄어든 것을 확인할 수 있습니다. 따라서 이 경우에는 멀칭비닐을 이용하고, 남은 2시간을 시급 1500엔 이상의 생산성이 있는 다른 일에 돌리면 이전보다 이익을 볼 수 있습니다.

일일이 늘 이런 계산을 하지는 않습니다만 내가 얼마를 받으면 되겠는가를 토대로 목표를 세워 업무를 구성하면 어디에 얼마나 투자를 해야 할지가 저절로 정해집니다. 사람들은 수만 엔에서 수십만 엔씩 하는 도구나 기계를 일단 비싸다고 생각해버립니다만 비싼지 어떤지는 물건 자체의 가격이 아니라 그 사람의 노동 단가와 그 균형에 달렸다고 가정해 계산에 근거를 마련했습니다.

'다른 농가는 왜 자재나 기계를 사지 않을까'라는 의문도 풀 수 있었습니다. 집도 기계도 이미 갖추고 있고 더 이상 규모를 확대할 필요가 없는 기존 농가라면 매출을 높이기보다는 비용을 줄여 수익을 올리는 것이 당연합니다. 지금 상태로는 매출이 낮은 제가 똑같이 일을 해서는 따라갈 수 없다는 것이 분명해졌습니다. 적절한 투자로 노동 시간을 단축하고 좀 더 생산성이 높은 일에 시간을 돌리지 않는다면 평생 이대로 정체될 게 뻔했습니다. 위기감을 느낀 동시에 빛을 찾은 기분이었습니다. 아침부터 밤까지 열심히 일해도 돈을 벌지 못한 것은 제 노동 단가를 설정하지 않았기 때문이었으니까요.

앞으로 취농할 사람은 먼저 목표 수익과 노동 시간을 정해놓기를 권합니다. 임의로 정해도 괜찮습니다. 부부 둘이서 일주일에 하루씩 쉬면서 하루 8시간 일하고 연간 수익 500만 엔을 목표로 한다면 연간 노동 시간은 1인당 약 5000시간, 노동 단가는 약 1000엔입니다.

일의 시급이 1000엔이 넘도록 신경을 쓰면 반드시 목표에 다가갈 수 있습니다. 그것이 노동 생산성의 향상입니다. 농가의 사이 좋은 노부부가 늘 둘이서 함께 작업을 하는 모습은 보기에는 아름답지만 대부분은 집도 땅도 있는 사람들입니다. 흉내를 내서는 안 됩니다.

농사가 잘되는 느낌과 생산성의 관계

조금 다른 이야기입니다만 생산성에 대해 이야기하고자 합니다. '농업과 자연 연구소'의 농업 연구자인 우네 유타카宇根豊는 생산성과 농사가 잘되는 느낌은 다르다고 반복해서 쓰고 있습니다. 지금 막 이야기한 것과는 충돌하는 것처럼 느껴질지도 모르겠지만 감히 그 주장을 요약해봅니다.

예전에 농민에게는 농사가 잘된다는 말은 있지만 생산성이라는 말은 없었다. 농업의 근대화와 함께 농업 생산성이 척도로 도입되었다. 본래 농민이 말하는 농사가 잘된다는 말의 실제 느낌은 상대인 생물(작물, 풀, 동물, 흙, 물 등)과의 교류가 순조롭게 이루어지고 있다는 것에 가깝다. 손을 댄 일의 만족감을 말하는 것으로 시간당 수익과는 거의 무관하다. 논의 제초 작업이 끝났을 때 작물이 좋아하는 것처럼 보이면 농사가 잘되고 있다고 느끼게 된다.

대부분의 농민은 생산성의 향상은 농사가 잘되는 것을 경제학적으로 표현한 것이라고 생각한다. 하지만 농사가 잘되는 것과 노동 생산성이 높다는 말이 대립하는 경우가 있다. 노동 생산성은 농민들이 하는 일의 한 측면을 떼어낸 것에 지나지 않는다. 수치화할 수 있는 부분만을 본다면 농업의 토대를 이루고 있는 자연과의 공존, 일의 풍요로움을 잃고 만다. 덧붙이면 농업의 근대화 그 자체가 근대화할 수 없는 다양한 것을 기반으로 성립하고 있지 않은가.

농업의 근대화 그 자체에 반대하는 우네 씨의 의견에 100퍼센트 찬성하진 않지만, 일의 풍요로움에 대한 주장에는 매우 공감이 갑니다.

일에는 리듬이 있습니다. '리듬을 탄다', '리듬을 타지 못한다'는 표현이 바로 그것입니다. 어쨌든 육체노동은 리듬을 타는 것이 중요합니다. 순서가 잘못되었거나 생각 외의 일이 일어나서 리듬을 타지 못하면 개운하지가 않습니다. 반대로 모든 것이 순조롭게 나아가 기분 좋게 작업이 진행되면 상쾌합니다. 연수 시절의 선배는 수확하려는 오크라가 눈높이에서 같은 크기로 떡 하니 모여 있는 것이 무엇보다 흥분된다고 했습니다. 러너스하이runner's high. 달리면서 경험하는 황홀감 못지않은 파머스하이입니다.

저는 몸으로 일을 하면서 느끼는 충실감을 농업과 떼어 생각할 수 없습니다. 하루가 끝나고 '아아, 오늘도 일이 잘됐네' 하는 만족감과 함께 밭에서 풍요로운 바람을 쐽니다. 더할 나위 없이 행복한 때입니다. 이게 바로 농사가 잘된다는 것입니다.

이런 느낌은 노동 생산성과는 다른 척도입니다. 오늘 일을 얼마나 했는지 목적에 맞게 움직였는지와 반드시 일치하지 않습니다. 재미있기도 하고 힘들기도 한 부분입니다. 농사가 잘되는 느낌이 없으면 일이 전혀 재미가 없습니다. 하지만 노동 생산성이 높지 않으면 수익성이 떨어지게 됩니다.

요리사 일을 하고 있는 친구가 비슷한 이야기를 했습니다. 주방이 정신없이 바빠서 '오늘은 손님이 좀 왔구나' 하고 생각했는데 매출이 낮고, 반대로 일이 느슨해서 '오늘은 한가하네' 하고 생각했을 때에 의외로 매출이 높은 경우가 있다고 합니다. 그래서 느낌과 숫자를 매일 대조하면서 신체 감각을 숫자에 맞춰나간다고 합니다. 그런 훈련을 하면 매출이 올라가고 있는지를 몸으로 느낄 수 있게 됩니다. 이런 식으로 농사가 잘되는 느낌과 노동 생산성

을 양립시키는 것이야말로 좋아하는 일을 하면서 먹고사는 비결
가운데 하나일지도 모릅니다.

7장

작고 강한 농업을 향해

자기 일을 하는 사람은 솔직해야 한다

옷깃만 스쳐도 인연이라고 합니다. 인연은 참으로 불가사의한 것입니다. 저 스스로는 아무런 장점도 없는 인간입니다만 정말로 사람 복은 있다고 생각합니다. 젊었을 때부터 만나야 할 사람을 만나야 할 때에 만나고 있습니다. 커다란 결단을 내리거나 소중한 깨달음을 얻는 인생의 갈림길에 늘 누군가가 있습니다. 나아가야 할 길을 알려주기도 하고 함께 걸어주기도 합니다. 그때는 거기가 갈림길이라는 것조차 깨닫지 못하다가 나중에서야 '아아, 그때였구나' 하고 깨닫습니다.

누군가에게 들이받히듯 떠밀려 걷고 있던 길에서 크게 벗어나 버리는 때가 있습니다. 생각지도 못하게 엉뚱한 방향으로 질질 끌려간 뒤 "뭐야, 이놈은!" 하고 투덜거리면서 앞이 보이지 않는 새로운 길을 가다가 어느새 익숙해져버립니다. 몇 년이 지나서 되돌아보면 똑바른 외길로 보여서 신기합니다. 음악가 오타키 에이이치大瀧詠一가 한 "필연은 처음에는 우연이란 가면을 쓰고 온다"라는 말대로입니다.

그런 우연한 전환은 제 인생에 몇 번이고 찾아왔습니다. 고등학교 때까지 이과를 고집했는데 엉뚱하게 대학은 문과로 진학한 것. 회사에 취직해서는 생각지도 못한 도시의 생각지도 못한 부서에 배치된 것. 농업이라는 엉뚱한 일을 하게 된 것. 모두 다 우연처럼 보입니다. 하지만 저는 뜻하지 않은 방향으로 크게 떠내려간 후일

수록 그 후의 인생이 재미있게 전개된다는 걸 경험을 통해 알고 있습니다.

일부러 의식해서 다른 사람과의 인연을 만들려고 애쓰진 않았습니다. 그때마다 좋은 만남의 기회가 주어졌다고 할까요. 데이진에 함께 입사했던 동기이고 지금은 브라질에서 사업을 하는 오노 케이스케大野惠介에게 이 말을 한 적이 있습니다. 그는 "나도 인연 덕분에 살아가는 그런 사람이야"라고 진지하게 답했습니다. 하지만 그것을 특별하게 여길 생각은 없다며 말을 덧붙였습니다.

"자기 일을 하는 사람은 늘 솔직하게 살 수 있으니 기쁨도 진지함도 자연스럽게 태도에 나타나. 그게 상대에게도 자연스레 전해지니 이메일 답신 같은 것도 자연스럽게 쓰는 거겠지. 회사원들은 스스로 인연을 만들 필요가 없으니 그런 걸 아무래도 우리만큼 진심으로 하지는 않잖아."

동감입니다. 저도 무언가를 하지 않아도 솔직한 나로 있으면 사람은 저절로 다가오기 마련이라고 생각합니다.

회계, 디자인, 채소 가공 등으로 우리 농장을 지탱하는 강력한 지원팀도 모두 우연히 알게 된 사람 혹은 소개를 받은 사람들입니다. 모든 것이 인연으로 덕분이었습니다. 인터넷으로 검색을 하거나 지역에서 찾거나 한 적은 거의 없습니다. 음식점이나 책을 찾을 때 누군지도 모르는 사람이 추천한 것이 크게 마음에 와 닿을까요? 그보다는 지인이 좋다고 말한 가게, 좋아하는 평론가가 추천한 책 쪽이 마음에 끌리는 법입니다.

농업에서도 마찬가지입니다. 채소를 가공하는 협력업체와 회계 업무를 도와주는 팀도 믿을 만한 사람으로부터 소개를 받았습니다. 최근에는 SNS를 통해 알게 된 사람과 일을 하는 경우도 종종 있습니다. 모르는 것을 페이스북에 올리면 친절히 가르쳐주는 사람도 있습니다. 서로 다양한 것을 주고받으면서 자신의 사람됨이나 활동 등을 상대에게 알렸기에 가능한 일입니다.

언론인 사사키 도시나오佐々木俊尚는 저서《직접 만드는 세이프티 넷自分でつくるセーフティネット》에서 페이스북에 대해 "첫째, 인간관계를 부담 없이 유지하기 위한 도구다. 둘째, 자기 자신의 신뢰를 보증하는 도구다"라고 말합니다. 자유롭고 폭넓은 연계가 중요한 정보를 가져다준다는 말은 최근 특히 실감하고 있습니다.

주위에 자신을 자극하는 존재를 둬라

저는 회사원 시절부터 소속이나 직함이 앞서는 자리에서 사람을 사귀는 일을 어려워했습니다. 입장이 나뉜 채로 이야기를 하는 한 그 사람과 어느 정도 이상으로는 친해질 수 없다고 느꼈기 때문입니다. 저는 그것을 영업 토크 모드라고 부르곤 했습니다. 회사원들끼리 인사나 접대를 할 때의 억지스러운 화기애애함. 친한 듯 보이지만 모두 가면을 쓰고 있는 것 같은 그런 분위기. 그런 상황을 어색해해서 선배에게 야단을 맞기도 했지만 지금도 익숙지가 않습니다. 무슨 말을 해야 할지 몰라서 영업 토크를 해버릴 때도 있지만 자연스럽게 하질 못합니다.

　스물여덟 살에 회사를 그만둘 때 앞으로는 큰 조직이 아니라 독립된 개인이 운영하는 자유로운 네트워크가 중요해진다고 생각했습니다. 그때는 머리로 그렇게 생각할 뿐이었지만 농업을 15년 한 지금은 '아아, 그때 내가 한 말이 이런 의미였구나' 하고 몸으로 이해하고 있습니다.

　자립을 하려면 가면을 벗어버리지 않으면 안 됩니다. 자기 일을 할 때 가장 중요한 것은 자신을 있는 그대로 드러내고 늘 자연스럽게 있는 것이라고 생각합니다. 그 탓에 마음이 맞지 않는 사람이 떠나기도 합니다. 어쩔 수 없는 일입니다. 있는 그대로 자신을 드러내버려 다른 사람과 거리가 생기는 것을 두려워하는 사람도 있습니다. 하지만 자연스레 어울리기 힘든 사람과 사이가 좋아질 리 없으니 억지를 부려봤자 득이 될 것은 없습니다.

　중요한 것은 거드름을 피우지 않고 마음이 이끄는 대로 정직하게 행동하는 것입니다. 모든 것이 속속들이 남들에게 보이는 지금 시대에 뭔가를 꾸며서 남들을 현혹하는 것은 불가능합니다. SNS를 잘 활용하는 방법을 알려달라는 부탁을 받곤 합니다. 하지만 "좋아하는 것을 쓰고 싶을 때에 쓰면 된다"라고 답할 수밖에 없습니다. 가족이나 연인 앞에서 자신을 꾸밀 수 없는 것과 마찬가지로 SNS에서 연출이 가능할 턱이 없습니다. 설령 했다 하더라도 언젠가 간파될 테니 꾸준히 사람들의 관심을 끌 수는 없으리라 생각합니다. '매우 영광으로 생각합니다'와 같은 홍보부의 공식 언급을 누가 재미있어 하겠습니까?

농업계에는 생각이 깊은 동료가 많아서 정말로 다행이었습니다. 혼자서 기술을 쌓을 수 있을 정도로 강하지 못한 보통 사람에게 생각과 능력이 뛰어난 사람이 주변에 많은 것만큼 성장에 도움이 되는 일도 없습니다. 일을 하다 보면 못난 자신과 마주하게 됩니다. 뭔가에 진지하게 임하면 아무래도 자신의 싫은 부분이 보이는 법입니다. 저도 모르게 '음, 이 정도면 되겠지' 하고 대충 넘어가려고 할 때 "도망치지 마!"라고 말해주는 사람은 참으로 고마운 존재입니다. 진정한 노력가는 스스로 자신을 채찍질할 수 있겠지만 저에게는 그런 힘은 없습니다. 그럴 때 "너, 그래서야 되겠어?"라고 말해줄 법한 사람이 머리에 떠오르는 환경에 몸을 두는 것은 정말로 중요합니다.

중학교 동아리 활동 때 배운 바로는 근육 트레이닝 끝에 완전히 녹초가 된 뒤에 하는 운동이야말로 진짜 운동이라고 합니다. 단계적으로 운동의 강도와 횟수를 올려 한계치를 높이지 않으면 근육은 발달하지 않습니다. 그것을 점진적 과부하의 원칙이라고 합니다. 일에서도 마찬가지입니다. 독립하고 한동안은 돈도 없고 재배도 엉망이어서 녹초가 될 때까지 일할 수도 없었습니다. 혼자면 그쯤에서 끝내버리고 맙니다만 "스쿼트 다시 1회!"라고 말해주는 사람이 있으면 한계를 넘어 성장할 수 있습니다.

반복해서 말하지만 저는 농업이 적성에 맞지 않습니다. 그래서 정말로 다행이었다고 생각합니다. 80퍼센트의 힘으로 해치워버릴 수 있는 일에 종사했더라면 지금처럼 열심히 하지 않았으리라 생각하기 때문입니다. 한계까지 해도 아직 부족하기 때문에 계속 성장할 수 있는 것입니다.

물론 앞서서 달리는 경쟁자 때문에 힘든 때도 있습니다. 당연한 일입니다. 절차탁마라는 말은 서로 질투나 열등감으로 깎여나가 연마된다는 뜻입니다. 하지만 그 마찰이 사람을 뜨겁게 한다고 생각합니다. 힘든 일을 피해 버릇하는 저 같은 인간이 열정을 유지하려면 야심과 향상심을 가진 이가 주위에 있어야 합니다.

사람을 믿어야 앞으로 나아갈 수 있다

내 야심의 원천은 무엇일까. 그런 생각을 할 때가 있습니다. 단기적으로는 돈일 테고, 다른 사람에게 인정받고자 하는 마음도 있을 것입니다. 젊었을 무렵 저는 인정받고 싶은 욕구가 아주 강한 인간이었습니다. 정점은 이제 농업을 잘 해낼 수 있겠다는 자신감이 붙었던 30대 중반 무렵. 일을 혼자 떠안아버려서 이러지도 저러지도 못하고 상담할 상대도 없던 때였습니다. 노력해도 좀처럼 앞으로 나아가지 못하는 초조함과 '이렇게 열심히 하고 있으니까 좀 더 칭찬 받아도 좋지 않을까' 하는 불만이 강했던 시기입니다.

갈 곳 없는 좌절이 주변 사람에게 향하고 말았습니다. 나를 인정해줬으면 하는 사람에게 너무 가까이 다가가기도 하고 적이라고 생각하는 상대를 공격하기도 하고. 다른 사람과 거리를 어떻게

*

뒤야 할지 모르게 되었습니다.

지금 이대로는 안 되는 것은 알고 있고 근본적인 대책을 생각해야만 한다. 하지만 눈앞에는 해야 할 일이 산더미처럼 있고 생각할 시간도 없다. 임시로 일하는 사람은 있지만 늘 지시를 내려야 하기 때문에 그다지 도움이 되지도 않는다. 하지만 혼자서 일할 수 있도록 교육할 시간은 없고 늘 초조한 상태로 주변 사람을 대해서 직원과도 가족과도 관계가 악화되어간다. 도저히 감당할 수 없는 상태다. 이대로 조금 더 있으면 몸이나 마음 중 어느 한 쪽이 병들고 말 거다. 그런 상태가 정말 싫어서 가만히 서서 곰곰이 생각했습니다.

그때 스스로에게 '과연 나는 누구에게 인정을 받고 싶어 하는 걸까?'라는 물음을 던졌습니다. 솔직히 자신과 마주해서 나온 답은 '그렇다, 나는 나 자신에게 인정받고자 한다'였습니다. '열심히 하고 있잖아, 그러면 되는 거야'라고 스스로를 인정하자 마음이 아주 편해졌습니다. 그런 깨달음이 없었더라면 앞으로 더 나아가지 못했을 거라고 생각합니다. 의존증 환자가 회복의 계기를 잡으려면 자신이 바닥까지 떨어지고 말았다는 느낌을 맛봐야 한다고 합니다. 저로서는 그곳이 바닥이었다고 생각합니다. 뭐든지 혼자 끌어안는 성격을 고치고 사람을 믿지 않으면 좋아하는 일도 계속할 수 없다는 것을 깨달은 시기였습니다.

혼자 일하는 데는 한계가 있다

지금이야 여럿이 모여 일을 하고 있지만 저는 대략 7년 정도는 혼자서 농장을 운영했습니다. 하긴 큰 조직이 맞지 않아 회사원 생활을 때려치운 저입니다. 취농할 곳을 찾던 무렵 만났던 지방자치단체의 담당자나 농부들은 대부분 "농업은 부부가 같이 하는 겁니다. 혼자서는 못해요"라고 말했습니다. 당시에는 "그렇게 말하니까 농촌으로 시집을 안 오는 겁니다"라고 반발하곤 했습니다. 그런 경험도 있고 해서 혼자서 일하는 것을 고집했던 시기도 있습니다.

혼자서 일할 때 장점은 어떤 것이 있을까요. 저는 다음과 같이 정리했습니다.

1인 농업의 장점

① 권한과 정보가 한 사람에게 집중되어 있기 때문에 결단이 빠르다.

② 실패를 남의 탓으로 돌리지 않게 된다.

③ 일의 효율을 생각하게 된다.

① 일에 대해서는 구석구석까지 알고 싶었습니다. 눈앞에 있는 채소의 품종과 파종일부터, 어떻게 포장되어 누구에게 얼마에 보내지는지까지 스스로 파악하지 않으면 마음이 놓이지 않았습니다. 혼자라면 모든 것을 알고 있는 상태에서 누구와도 의논하지 않고 일을 결론을 내릴 수 있습니다. 물건을 사는 것, 거래처와의 이야기도 그 자리에서 바로 결정할 수 있습니다. 저는 회사원 시절부터 "사무실로 돌아가서 윗사람과 상담하겠습니다"라고 말하는 것을 좋아하지 않았기 때문에 설령 작은 살림일지라도 전권을 장악하고 싶다고 생각했습니다.

② 여럿이 일을 하면 결국에는 실패를 남의 탓으로 돌리기 쉽습니다. 하지만 혼자 있다면 해야 할 일을 하지 않은 것도 잘못한 것도 자신뿐입니다. 반성은 해도 다른 사람을 두고 안달복달하지 않기 때문에 마음은 편합니다. 이따금 다른 사람과 일을 하면 오히려 누군가의 탓으로 돌리고 싶은 욕망이 불쑥불쑥 머리를 쳐들어 불쾌하기도 합니다.

③ 연수처에는 사람이 많았기 때문에 작업 방법에 문제가 있더라도 인해전술로 해치우는 경우가 자주 있었습니다. 하지만 혼자

라면 실수를 저질렀을 때 나중에 수습하는 것이 불가능합니다. 그렇기 때문에 방법을 고민해야만 합니다. 고생해본 경험 없이 더 합리적으로 일하기란 좀처럼 쉽지 않습니다. 노동력에 한계를 느껴야 비로소 효율을 생각하게 됩니다.

그렇다고 좋은 점만 있는 것은 아닙니다.

1인 농업의 단점
① 작업 효율이 나쁜 경우도 많다.
② 늘어지면 끝이 없다.
③ 사업이 자신의 능력에 의해 규정되고 만다.

① 일을 분담할 수 없다는 건 큰 문제입니다. 중요도는 낮아도 마감이 닥친 일 탓에 다른 일을 멈춰야 하는 경우도 있습니다. 일을 쭉 이어서 하지 못하면 멈춘 시간 이상의 손실이 있습니다. 또한 토란 캐기나 큰 정리 등 여러 사람이 단숨에 끝내는 편이 좋은 일도 있습니다. 성가신 일을 혼자 질질 끌면 의욕을 잃습니다.

② 꾸짖어주는 사람도 격려해주는 사람도 없기 때문에 추진력은 자신의 동기 부여뿐입니다. 바쁘고 시간에 쫓길 때는 몰라도 일할 기분이 나지 않을 때는 마음을 굳게 먹기 힘듭니다. 독신에다가 주변에 다른 사람도 없다면 사소한 일을 계기로 단숨에 나태해질지도 모릅니다. 다른 사람의 눈이 있으면 아무래도 정신을 차리려고 애쓰는 법입니다.

③ 가장 큰 단점은 사업 그 자체가 자신의 능력 내로 제한되는 점입니다. 저도 농업을 시작하고 한동안은 열심히 하면 어떤 방향으로든 커나갈 수 있다고 믿었습니다. 처음에는 괜찮습니다. 하지만 얼마 안 있어 자기 능력의 한계를 사업의 한계라고 생각해 더 이상 앞으로 나아가지 못하게 됩니다. 사업 그 자체로 가능성이 있을 경우에는 참으로 안타까운 일입니다. 이에 대해서는 나중에 자세히 말씀드리겠습니다.

뒤늦게 팀의 힘을 깨닫다

혼자가 좋다. 아니, 그래서는 한계가 있다. 생각만 이리저리 하면서 결국 7년 동안 혼자서 농업을 계속했습니다. 그동안 임시로 일할 사람을 구하거나 농가체험 제도를 이용하는 등 임시방편으로 노동력을 확보했습니다. 올해는 어떻게든 해냈지만 내년에는 어떻게 될지 모른다는 생각에 늘 조마조마했습니다. 하지만 '시간이 지나면 어떻게든 되겠지' 하고 근본적인 대책을 세우지 않은 채 시간만 끌며 똑같은 일을 반복했습니다.

농사를 지은 지 7년이 지나서야 숙식을 하는 연수생을 받아 처음으로 1년 내내 일할 수 있는 일꾼을 확보할 수 있었습니다. 한 사람을 더 먹여 살리려면 돈이 필요했기 때문에 재배 면적도 1.7헥타르에서 2.5헥타르로 늘리고 영업도 열심히 했습니다. 때마침 영업과 생산이 잘 맞물려 매출을 40퍼센트 이상 끌어올릴 수 있었습니다. 이때 비로소 방법 그 자체는 틀리지 않았지만 노동력이 부족했다는 걸 깨달았습니다. 주변에 참고할 만한 사례가 없었기 때문에 몇 명이 있으면 어느 정도의 면적에서 농사를 지을 수 있을지, 지금의 규모에서 얼마까지 벌 수 있을지 해보지 않고서는 몰랐던 것입니다. 이때부터 늘 누군가와 함께 일하는 시스템을 목표로 하기로 했습니다.

그 다음 해에는 좋은 인연을 만났습니다. 임시로 뽑은 직원들이 너무나 훌륭했습니다. 그해에 우리 농장 사상 가장 우수한 농사꾼인 나카야마 다이스케中山大輔, 구보데라 사토시久保寺智 등을 만났습니다. 다품목 재배를 할 때 제일 바쁜 시기는 여름입니다. 여름이면 매해 한계에 이를 때까지 일해서 가을이 되면 기운이 하나도 없기 마련이었습니다. 하지만 그해에는 이 사람들 덕분에 약간 여유를 가지고 가을을 맞을 수 있었습니다. 이때서야 비로소 사령탑인 제가 너무 피폐해지지 않는 것이 경영상으로도 중요함을 깨달았습니다. 저는 궁상맞은 인간인지라 조금이라도 여유가 있으면 결국은 밭으로 나가 이것저것 지시를 내리지만 그래서는 안 된다는 것을 마침내 배웠습니다.

눈앞에 있는 일에 쫓기면 경영에 필요한 앞으로의 일을 생각할 수 없습니다. 사람을 고용할 때는 누구나 불안하기 마련입니다. 그래도 우선은 투자를 해 사람을 고용하고 내 시간을 만든 뒤 다음 일을 생각하는 순으로 해야만 앞으로 나아갈 수 있음을 경험을 통해 배웠습니다. 사람을 고용할까 말까를 고민하는 사람이 있다면 "앞날의 자신을 믿을 수 있다면 일단은 고용해보라"라고 조언하려 합니다. 나카야마도 구보데라도 지금은 결혼한 뒤 독립하여 자신의 농장에서 열심히 일하고 있습니다.

후시미 농장장과의 첫 만남

2011년 겨울, 이바라키 현이 주최한 합동설명회에서 사업의 운명을 가를 만남이 있었습니다. 우리 농장 창구 앞에 뜨개질 모자를 깊숙이 눌러 쓴 아담한 체구의 여성이 섰습니다. 지금의 농장장인 후시미 씨였습니다. 대학을 졸업하고 나서 화훼 업계와 요리 교실에서 일을 했다고 했습니다. 농업에는 경험이 없었습니다. '설마 정말로 농업을 할 생각은 아니겠지'라고 선입견을 가지고 이야기를 들었지만 야무진 말투에 호감이 갔습니다. 채소 재배에 관심이 있지만 자영농이 되고 싶은 생각은 없다고 하기에 앞으로는 뭘 하고 싶은지 물었습니다.

"제가 재배한 채소를 재료로 쓰는 카페를 열고 싶어요."

그럼 그렇지, 카페라고? 저는 기세등등하게 마구 지껄였습니다.

"멋지다고 생각합니다만 저희는 합리적인 농업을 추구하는 실무파라서요. 그쪽은 양배추 고랑 같은 데에는 관심이 없겠죠. 참고로 말씀드리면 우리 농장의 근무 조건은 이렇습니다만. 그쪽에게는 다른 농장이 더 맞지 않을까요? 예를 들면 ○○라든지."

"거기는 벌써 다녀왔습니다."

"아, 그렇습니까. 그럼, 또 기회가 있다면 뵙겠습니다. 건투를 빕니다."

그러고는 그 자리에서 시원하게 헤어졌습니다. 줏대가 있고 재미있는 사람이지만 성향이 맞지 않아 보였습니다. 나중에 들었지만 그녀는 저에 대한 소문을 듣고 인사를 하러 왔을 뿐 취직할 생각도 없는데 이 무시하는 태도는 뭔가 싶어서 첫인상이 좋지 않았다고 합니다.

어쩐지 끌리는 사람이었기에 그 후 전시회에 나갔을 때 다시 만나 말을 걸었습니다. 이야기를 나누다 보니 점차 관심이 가서 저와는 완전히 다른 유형인 그녀와 함께하면 농장에 뭔가 변화가 있지 않을까 생각했습니다. 신규 취농자의 인재 폭이 넓어지고 있다 하지만 아등바등하기만 하고 전망은 없는 농업 바보가 많은 것도 사실입니다. 그런 농업계에 물들지 않고 자신의 감에 의지해 일을 하고 싶다는 그녀에게서 신선한 가능성을 느꼈습니다.

2011년은 그해 3월의 후쿠시마 원자력발전소 사고의 여파로 고객을 많이 잃었던 해입니다. 매출이 30퍼센트 이상 떨어졌지만 신규 거래처를 만드는 등의 노력으로 연말에는 그럭저럭 회복할 수 있었습니다. 하지만 지금까지 하던 대로 하면 사업에 미래가 없다는 강한 위기감이 들었습니다. 2011년 연말에 쓴 다음 해 사업 방침에는 다음과 같은 대목이 있습니다.

앞날이 불투명한 채 부랴부랴 달렸던 확대기는 종말을 고하고 이제야 보이기 시작한 히사마쓰농원의 모습을 보다 선명히 하고 시스템을 굳히는 것이 당면 과제다. 높은 품질을 추구하는 것도 중요하지만 도약을 생각해 재배 이외의 문제도 고민하지 않으면 점점 힘들어진다.

시간이 갈수록 환경이 악화되고 경쟁이 심해지는 시장에서 유기농이나 신선도와 같은 개성 없는 주장만으로는 살아남을 수 없다. 모험을 감수하고 정신을 바짝 차려야 한다. 차라리 개성을 드러내는 편이 좋다. 결국 물건을 만드는 건 사람이다. 후시미 씨 같은 사람을 전면에 내세우면 고객을 끌어당기는 힘을 얻을 수 있지 않을까? 어렴풋이 그렇게 생각했습니다. 무엇보다 저부터 직감적으로 그녀처럼 새로운 매력을 지닌 사람과 일해보고 싶었고, 사람을 끌어당기는 그녀의 매력이 사업에도 커다란 힘이 될지 모른다고 생각했습니다.

처음 어떤 일을 할 때 제 판단 기준에는 이런 것이 있습니다. '동종업자가 꺼릴 듯한 일을 한다.' 어떤 일을 하겠다고 말했을 때 다른 농가가 "괜찮네!"라고 하면 위험은 작지만 참신하지 않고, 동종업자 대부분이 "에이!" 하고 꺼린다면 잘될지도 모른다고 생각하는 것입니다. 그런 의미에서 다른 법인이 채용하지 않는 그런 인재를 고르면 뭔가가 일어나겠다는 예감이 들었습니다.

그해 연말 그녀가 농장을 견학하러 왔습니다. 양배추, 브로콜리 등의 채소가 빽빽이 들어찬 겨울 밭에서 그녀가 작은 소리로 "밭이 깔끔하네요"라고 중얼거린 것을 기억하고 있습니다. 뭘 아는 사람이라고 생각했습니다.

　나중에 들기로는 그때까지 그녀가 본 자급자족을 추구하는 유
기농 밭과는 풍경이 달랐다고 합니다. 빈틈없이 관리되고 있는 밭
을 보자 '나는 정말이지 생산 쪽을 좋아하는구나' 하고 마음에 불
이 붙었다고 합니다. 말보다도 상품을 만드는 현장이 더 멋지게
뭔가를 전달할 때가 있습니다. 저로서도 진심으로 이 사람을 채용
해야겠다고 결심한 첫 순간이었을지 모릅니다.

　나카야마가 밭을 빈틈없이 돌리고 있었기 때문에 여유 있게 사
람을 채용할 수 있기도 했습니다. 솔직히 농사와는 거리가 멀어
보이는 여성이 현장 일을 할 수 있을지 미지수였습니다. 하지만
그런 부분은 무시하더라도 뭔가 정체를 알 수 없는 가능성이 농장
에 힘이 되리라는 느낌이 들었습니다. 한마디로 말하면 도박을 한
셈이었습니다.

　뚜껑을 열어보자 작업 실력에 대한 우려는 정말 쓸데없는 걱정
이었습니다. 우리 농장에 오기 전에 농업전문학교에서 1년 동안
배우며 대형면허까지 딴 그녀는 현장 일도 시원하게 해치웁니다.
뒤통수를 맞았습니다. 좋은 의미로.

윗사람에게 할 말은 하는 사람을 두자

회사원 시절 상사로부터 이런 말을 들은 적이 있습니다. "자네의
제일 큰 장점은 윗사람에게 할 말은 하는 거야." 저는 후시미 씨

도 그렇다고 생각합니다. 평소의 얌전해 보이는 분위기로는 상상이 가지 않아서 주변 사람도 깜짝 놀랍니다. 그녀는 마음 깊은 곳에 확고한 주관이 있어서 맹목적으로 지시에 따르지 않습니다. 지식이나 경험이 제가 많다 보니 토론이라도 하면 그녀가 이길 리가 없습니다. 그래도 '그건 아닌데' 하는 자신의 마음을 쉽게 굽히지 않아 억지로 따르게 하려 해도 말을 듣지 않습니다.

그때까지 저와 일했던 직원은 모두 제 말을 따라주는 사람들뿐이었습니다. 서슴없이 따르는 사람이 있는가 하면 속으로는 납득이 가지 않지만 귀찮아서 시키는 대로 하는 사람도 있었습니다. 어쨌든 제 마음대로 휘둘러댔습니다. 저로서는 마음이 편했습니다만 제 뜻대로 하는 한 농장이 제 능력을 뛰어넘어 성장할 수 없었습니다. 이 상태로는 사업이 자기 능력의 한계 안에 머무르는 근본적인 약점을 뛰어넘을 수 없었습니다.

어떤 사람이 가진 힘을 제대로 발휘하게 하려면 그저 지시한 대로 일하게 하지 말고 일을 자신의 것으로 받아들이게 해야 합니다. 그러려면 그 사람이 스스로 일을 이해한 후 능동적으로 행동하는 과정을 거쳐야만 합니다. 제 지시를 상대가 적극적으로 받아들여주지 않으면 순조롭게 나아갈 수 없습니다. "그냥 해!" 하고 강제해서도 안 됩니다. 자기 자신이라는 축을 확실히 가지고 있고 그것을 지켜나가는 사람을 만난 덕분에 사람의 힘을 빌린다는 것이 어떤 것인지 겨우 알았습니다.

처음부터 순조로웠던 것은 아닙니다. 그녀는 입사하고 얼마 지

*

나지 않아 명함이 너무 촌스러워서 쓰기 싫다고 했습니다. 그때까지 그런 말을 들은 적이 없었기에 속으로는 부글부글했지만 이 기회에 명함을 바꿔보자고 했습니다. 디자이너 가와무라 이즈미 씨가 멋진 명함을 만들어주었습니다. 명함을 건넨 상대의 반응도 좋았습니다. 그제서야 비로소 그녀가 이전 명함을 싫어한 이유를 알았습니다. 직원이 자신감을 가지고 자기소개를 할 수 없는 회사가 좋은 회사일 리 없습니다.

그런 경험이 쌓여 저는 "전 후시미라는 필터를 채용한 거니까 계속 의견을 말해주세요"라고 후시미 씨에게 말합니다. 물론 서로 물러서지 않아 충돌하는 때도 많습니다. 저는 다른 사람에게 제대로 일을 맡긴 적이 없었기에 일을 맡기는 데 아주 서툽니다.

중국의 역사 고사집 《설원說苑》에 '역명이군 위지충逆命利君 謂之忠'이라는 말이 있습니다. '명령을 거슬러서라도 임금을 이롭게 한다, 이것을 충이라 한다'는 뜻입니다. 윗사람에게 할 말은 하는, 즉 역명이군을 할 수 있는 인재는 개인 차원의 사업에서 탈피할 때 반드시 필요합니다.

말참견은 월권행위다

지금 후시미 씨는 치밀한 연간 재배계획을 세우는 것을 비롯해 직원들의 작업 진행표 작성, 고객과의 연락, 운송 준비, 나아가서는 상품 기획까지 농장장의 일을 도맡아 훌륭하게 해내고 있습니다. 물론 처음부터 이랬던 것은 아닙니다. 감도 근성도 없는 저이지만 지금까지 해온 일에 대한 고집 때문에 쉽게 일을 맡기지 못하고 고민하기도 했습니다. 분담할 선을 어디에 그어야 할지 파악하지 못해 이런저런 우여곡절도 겪었습니다.

앞으로 사람을 고용할 분들을 위해 힘들었던 경험도 말씀드리겠습니다. 고용과 관련한 고민 중 하나는 '이 사람이 얼마나 오래 일을 할까'입니다. 이전까지는 필요한 사람을 그때그때 채용했기 때문에 업무를 좀 익힐라치면 그만두는 일이 반복되었습니다. 일을 배워 독립하려는 사람이 많았는데 그런 사람들은 처음부터 직원으로 오래 일할 생각은 없습니다. 이쪽도 기술은 가르쳐도 중요한 판단을 위임할지 어떨지 진지하게 생각한 적이 없었습니다. 권한을 위임하라고 하지만 분업을 한 후에 일을 그만두면 곤란하다는 두려움을 좀처럼 떨칠 수 없었기 때문입니다.

아는 경영자에게 멋쩍게 상담을 하자 "그건 누구나 하는 고민이지"라고 하기에 겨우 안심했습니다. 직원이 그만두는 게 싫으면 가족경영을 하면 됩니다. 결국 직원이 오래 일하고 싶어 하는 매력 있는 회사를 만드는 것이 중요합니다. 이 문제를 완전히 해결할 방법은 없다고 태도를 바꾸었습니다. 떠나버리면 어떻게 할지는 그때가 되면 생각하기로 했습니다.

또 하나는 맡긴 일에 제가 말참견을 하는 문제입니다. 창업자에게 흔히 있는 일입니다만 직원의 업무에 자신의 과거사를 제멋대로 비춰보고 맙니다. 나와 똑같이 해주면 좋겠다, 내가 했던 실패를 반복하지 않았으면 좋겠다. 그런 생각으로 앞질러 가서 답을 말하고 마는 경우가 자주 있었습니다. 대개 선의에서 비롯한 것이지만 좋은 일이 아닙니다.

어느 날 아는 사람으로부터 "일을 맡겨놓고 말참견하는 것은 부하에 대한 월권행위다"라는 말을 듣고 깜짝 놀랐습니다. 하지만 제 자신을 되돌아봐도 실패를 거듭하며 업무를 익혀왔습니다. 책에는 차마 쓸 수 없는 낯 뜨거운 실패도 한둘이 아닙니다. 하지만 그 하나하나가 헛되지는 않았습니다. 저는 분명 실패를 통해 성장해왔습니다.

로봇처럼 복종하는 작업자를 만들고 싶다면 월권행위를 하는 것도 좋을지 모릅니다. 하지만 역시 자신의 머리로 생각하고 문제

*

를 찾아 해결할 수 있는 사람이 되었으면 합니다. 실패하지 않기
를 바라는 대신 실패로부터 배울 수 있는 사람을 길러야 합니다.
그러려면 직원이 실패할 기회를 빼앗아서는 안 되겠다고 생각을
바꾸었습니다. 머리로는 옛날부터 알았을 터인데 실행에 이르기
까지 너무 오랜 시간이 걸렸습니다.

　과연 나는 사업에 도움이 되기 때문에 사람을 고용하는 것일
까? 그것도 조금 달리 보게 되었습니다. 지금은 믿고 있는 동료가
즐겁게 열심히 일하는 것을 기쁘게 생각합니다. 경영은 어려운 문
제이기 때문에 좋은 말만 해서도 안 되지만 1엔이라도 이익을 더
낸다거나 어떻게든 규모를 키우는 것이 목적이 아니라는 점은 분
명히 하고 있습니다. 좋아하는 일을 통해 생계를 유지할 수 있는

*

동료를 늘리는 것은 그 자체로 아주 멋진 업무라고 생각합니다. '이 사람들이 알찬 인생을 보낼 장을 제공할 수 있어 행복하다.' 그런 생각을 할 수 있게 해준 직원들과 만나게 되어서 정말로 다행입니다.

'그런 걸 그 나이가 될 때까지 몰랐어?'라고 한심하게 생각하는 분도 많을 것입니다. 하지만 저는 정말로 몰랐습니다. 저는 새로운 것을 생각하고 뭔가를 시작하는 게 특기입니다. 재빠르게 결단하고 행동으로 옮기는 데는 자신이 있습니다. 준비가 충분하지 않더라도 일을 시작해버리는 것이 장점입니다. 눈 위를 달리는 개썰매에서 선두에 배치되는 개는 전체를 바라보고 통솔하는 힘이 있는 개가 아니라 무슨 일이 있어도 오로지 앞으로 달리는 개라고 합니다.

저는 분명 선두에서 달릴 수밖에 없는 개입니다. 다른 사람이 하는 말을 듣지 않고 분위기도 파악하지 못하지만 조금 힘든 일이 있어도 앞으로 나아갑니다. 고통도 거의 느끼지 않고 희생을 두려워하지 않는 성격입니다.

하지만 그런 개만 있어서야 장거리 경주에서 이길 수 없습니다. 앞으로 나아가는 방향을 잘 살펴보면서 선두에 선 개에게 신호를 보내고, 상처 입은 개나 지친 개를 돌봐 전체를 순조롭게 움직이게 하는 구성원이 필요합니다. 여럿이 모이기만 하면 그저 무리가 될 뿐이지만 각자의 능력을 발휘하면 팀이 됩니다. 그리고 팀의 힘이 강해지면 인원이 많지 않아도 큰 힘을 낼 수 있습니다. 우리 팀은 일류 팀과도 맞설 수 있는 수준임을 직원들이 일깨워주었습니다.

저는 독립을 지향하는 사람만 받아들여왔기 때문에 후시미 농장장과 같은 사람은 처음 만났습니다. 이해가 빠르고 욕심이 많고 뭐든지 흡수합니다. 하지만 윗사람을 골탕 먹이거나 배척하려 하진 않습니다. 본인의 장점을 키워주는 환경에 머물고 싶은 것이리라 생각합니다.

그녀는 자신이 속한 곳을 소중히 여깁니다. 저처럼 어떤 일에 금세 질리고 다른 사람을 생각하지 않고 계속 나무를 베어 쓰러뜨리려가는 인간과는 대조적인 사람입니다. 그녀는 다른 사람의 마음을 헤아리고 장점을 살리는 능력이 탁월합니다. 제가 무심코 그녀를 비롯한 직원들의 마음을 업신여기는 행동을 하거나 상처 주는 말을 하면 그녀의 의욕은 꺾이고 맙니다. 저와는 완전히 다른 유형인 사람이고, 팀에는 그런 사람이 필요합니다.

그렇지만 처음에는 업무를 어떻게 분담할지, 말하자면 팀 내의 역할을 어떻게 정리할지를 두고 애를 먹었습니다. 고민 끝에 그녀가 지금의 사업을 돌보고 제가 앞일을 생각하는 식으로 각각 시간축을 달리해서 역할을 분담하기로 결정했습니다. 마침내 틀이 보이기 시작한 기분이 들었습니다.

왜 농업계에는 인재가 없을까

"그 정도의 분업은 회사에서는 흔히 있는 일이잖아. 그렇게 떠들고 이야기할 정도야?"라는 소리가 들려올 것만 같습니다. 그녀와 같은 인재가 사회에는 흔히 있을지도 모릅니다. 하지만 농업계에서는 드뭅니다. 어째서일까요?

전후 일본은 자작농주의自作農主義라고 해서, 경작자가 농지를 소유하는 것을 원칙으로 삼았습니다. 일반적인 사업처럼 소유주가 토지를 소유하고 사람을 고용해서 운영이나 경작을 하는 형태가 인정되지 않았습니다. 지금은 법률이 개정되어 임차지의 경우에는 주식회사의 농업 참여가 인정됩니다. 하지만 농지를 소유할 수 있는 농업생산법인에는 출자자, 구성원 등에 엄격한 제한이 있습니다. 이런 제도가 오랫동안 계속된 결과, 농업은 다른 산업에 비해 세습을 통한 가족경영을 하는 경우가 유별나게 많아지고 말았습니다.

지금 일본에서는 개인이 농업을 시작하는 방법은 사실상 다음 세 가지밖에 없습니다.

① 농가에서 태어난다.

② 국가 정책에 따라 사업 계획을 제출하고 지방자치단체장에게 허가를 받아 농가 자격을 얻는다.

③ 몰래 시작한다.

당연히 ①은 스스로 택할 수 없습니다. ②는 1989년에 만들어진 새로운 제도입니다만 위로부터 국가 정책의 보증을 받는다는 점에서 모험 정신과는 동떨어진 방법입니다. 나쁜 건 아니지만 그런 제도 아래에서 스티브 잡스와 같은 사람이 태어날 리는 없습니다. ③은 제가 취한 방법입니다. 몰래란, 농지법에 기초한 임차 계약을 하지 않는 것을 말합니다. 멋대로 시작해서 기정사실화하는 방법입니다.

원래 농지를 정식으로 빌리려면 농가 자격이 필요합니다. 농가 자격을 얻으려면 일정 규모 이상의 논밭을 경작하고 있어야 합니다. 마치 엑셀 프로그램의 순환참조처럼 꼬여 있는 구조입니다. 그렇기 때문에 요건을 충족할 만한 토지를 한꺼번에 빌릴 수 없다면 몰래 토지를 빌려 농업을 시작하고, 요건을 충족할 수 있는 규모가 된 뒤에야 불쑥 자신의 이름으로 농가 자격을 얻는 이상한 방법을 택해야 합니다. 결과적으로 현재 대부분의 농업 종사자는 ①, 즉 세습에 의한 가족경영을 하고 있습니다.

가족경영 그 자체를 부정하진 않겠습니다. 하지만 가족경영이 압도적인 상황에서는 농업에 종사할 인재의 폭이 좁아질 수밖에 없습니다. 농가는 상속세와 증여세가 큰 폭으로 면제되기 때문에 후계자는 농지를 거의 무상으로 물려받아 농업을 시작할 수 있습니다. 조건은 ①이 압도적으로 유리합니다. 이래서는 새로운 아이디어를 가진 사람이 농업에 자유롭게 뛰어들고, 기존 농가와 경쟁해서 이기는 일이 좀처럼 일어날 수 없습니다.

최근에야 겨우 제4의 길로 농업법인 등에 고용되어 일하는 사례가 늘었습니다. 앞의 ①~③은 모두 농업 경영을 직접 하는 것이 전제입니다. 자작농주의 때문에 신규 취농은 직접 경영이 기본입니다. 하지만 농업을 하고 싶어 하는 사람 모두가 경영자가 될 필요도 없고 그래서도 안 됩니다. 어린이집 교사가 되고 싶다는 사람에게 그러고 싶으면 직접 어린이집을 차리라고 말하는 것과 마찬가지인 무리한 이야기입니다. 후시미 농장장처럼 직접 농업 경영을 할 생각이 없는 사람은 갈 곳을 찾기 어렵습니다.

일본 노동자의 80퍼센트는 회사원입니다. 특정한 일에 흥미를 가진 사람은 일단 어딘가에서 일을 하면서 배우고, 정말로 자기의 적성에 맞는 일인지 확인하는 것이 일반적입니다. 농업 역시 그래야 하는데 외부 고용이 적은 농업계에 그런 사람들의 일자리는 극히 한정되어 있습니다. 이래서는 인재를 기를 수 없습니다. 인재를 기를 수 없기 때문에 책임을 맡을 수 있는 일자리도 늘지 않습니다. 끊기 어려운 악순환입니다.

70년 전 정부가 자작농주의를 채택했던 당시에 농업은 국가가 주도하는 호송선단 방식으로 이루어졌습니다. 경쟁력이 없는 농가일지라도 길거리로 나앉는 일이 없도록 관리했고, 개개의 농가가 독자적인 경영 판단을 해야 하는 경우는 별로 없었습니다. 대부분의 농가에는 경영이라는 개념 자체가 없었을 것입니다. 농업의 근대화와 집약화가 진전되어 모든 농업 종사자에게 경영자로서의 시각이 요구되는 지금과는 다릅니다.

시대에 맞지 않는 제도를 그대로 두는 것은 신규 참가자, 기존 농가 모두에게 무의미한 속박입니다. 합리적이지 않습니다. 일본 농업의 문제점은 경영 자원이 충분하지 않은 것이 아니라 효율적으로 배분하지 못하는 것이라고 생각합니다. 농업계에서 후계자를 찾기 어렵다고 한탄하는 소리가 나온 지 오래입니다만, 어떤 일을 하고자 하는 사람은 언제나 잠재적으로 있기 마련입니다. 중국 당나라 때 문인인 한유韓愈의 시에 나오는 "아, 정말로 말이 없어서인가, 아니면 정말로 말을 알아보지 못해서인가嗚呼 其眞無馬邪, 其眞不知馬也"라는 구절이 떠오릅니다.

농업도 타깃마케팅의 시대다

기나긴 저성장 시대에 들어선 일본입니다. 예전처럼 물건이 팔리지 않는다는 것은 누구나 잘 압니다. 새롭게 농업을 시작하는 사람은 어떻게 방향을 잡아야 할까요. 이에 대해 저의 개인적인 의견을 적고자 합니다.

과거의 농업, 물건이 잘 팔리던 시대의 농업은 어떤 방향을 목표로 했을까요? 전후의 식량난 시대부터 고도성장기에 이르기까지는 수요가 공급을 크게 상회했습니다. 어떤 상품이든 만들면 만든 만큼 팔렸던 시대입니다.

전후부터 1950년대까지의 농업은 지금과 비교하면 노동 생산성이 낮았습니다. 지금은 농업의 규모를 키우는 데 걸림돌이 되고 있는 농지해방정책農地解放政策. 제2차 세계대전이 끝난 후 지주들의 농지를 사들여 실제 경작하고 있는 농민들에게 매각한 개혁과 자작농주의의 목적 가운데 하나는 농민에게 동기를 부여해 식량 증산에 공헌하게 하는 것이었습니다.

"식량 문제 해결을 위해서는 농민을 안심하게 만드는 것이 중요하다. 그러려면 자작농을 많이 만들어야 한다."

전쟁이 끝난 지 얼마 안 된 1945년 10월에 발족한 시데하라幣原 내각의 마쓰무라 겐조松村謙三 농림대신이 한 말입니다. 당시에는 생산 의욕을 고양하는 것이 식량 증산의 중요한 열쇠가 되리라 생각할 정도로, 농업은 기계나 설비가 아니라 사람에 의존하는 노동

집약적인 산업이었습니다. 실제로 품종이 개량되고 화학비료와 농약이 보급되면서 전후부터 고도성장기까지 40여 년에 걸쳐 쌀 수확량은 60퍼센트 이상 늘었습니다.

　물품이 부족하면 질보다 양에 관심을 두는 것은 당연합니다. 우선은 전국에 먹을 것이 골고루 퍼지는 것이 중요했습니다. 정부 주도로 식량 증산 정책이 추진되었습니다. 경제가 성장하고 식생활이 다양해져도 그 흐름이 계속되었습니다. 생산 작물의 종수를 늘리고 생산 기반을 정비하는 데 많은 세금이 투입되었습니다. 장밋빛 미래가 눈앞에 펼쳐진 무한질주의 세상이었습니다. 1966년에 생긴 채소 지정 산지제가 그 전형적인 예입니다. 식탁에 오르는 주된 채소가 안정적으로 생산되도록 대규모의 공급원을 만들자는 발상입니다.

　산지 연계라는 시스템도 그중 하나입니다. 설명하자면 양상추를 추운 계절에는 따뜻한 지방에서, 더운 계절에는 서늘한 지방에서 재배해 도시에 있는 슈퍼마켓에 1년 내내 진열하는 시스템입니다. 이전에는 농산물을 도시 근교에서 소규모로 재배하는 식이었다면 멀리 떨어진 산지에서 대규모로 생산하는 쪽으로 바뀌었습니다. 산지가 멀어진 만큼 장거리 냉장수송 기술도 발달했습니다. 이 시스템의 주안점은 얼마나 상품을 효율적으로 생산하여 도시로 보내는가에 있습니다. 어느 지방의 양상추건 모두 특별할 것이 없는 평범한 양상추라는 전제가 깔려 있습니다. 말하자면 채소를 생활필수품으로 여기는 사고방식입니다.

물건을 만들면 어쨌든 팔리는 시대에는 불특정 다수를 대상으로 한 매스마케팅이 주류를 이룹니다. 시장 관계자도 소비자의 욕구를 획일적으로 파악하고 유통을 체계화하여 유통량과 판매량을 늘리는 데 주력했습니다. 마찬가지로 생산자도 이러쿵저러쿵하지 말고 오로지 모두에게 좋은 물건을 만들면 된다는 사고에 빠지기 쉬웠고, 실제로 그렇게 한 사람들이 성공했습니다. 농자재상으로부터 들은 이야기인데, 당시 어떤 멜론 농가는 응접실에 쌓아 올린 현금 두께를 측정한 뒤 "올해 매출은 ○ 센티미터다!"라고 큰 소리쳤다고 합니다.

그 후 거품경제가 붕괴하여 경제 성장이 둔해졌고 동시에 시장은 다양화되었습니다. 산업 분야 대부분의 마케팅 역시 획일적인 상품을 시장에 무턱대고 내놓는 매스마케팅에서 고객의 의향을 받아들이는 쪽으로 전환해야만 했습니다. 작아지는 시장에 대응하기 위해 고객 욕구에 기초한 상품을 개발하고, 표적을 좁혀 판매 촉진 활동을 하는 타깃마케팅이 주류가 되었습니다. "국민 모두가 탐내는 최후의 상품은 휴대전화였다"라고 할 정도로 이미 매스마케팅은 옛날이야기가 되었습니다.

농업도 같은 문제에 직면해 있습니다. 국민 모두가 만족하는 평범한 양상추는 더 이상 존재하지 않습니다. 하지만 농업은 다른 산업에 비해 시장의 다양화가 늦어지고 있는 것이 현실입니다.

세계화 시대에 살아남으려면

농업계가 시대의 변화에 따라가지 못하는 이유 중 하나는 세대교체가 이루어지지 않는 것입니다. 무한질주 세대가 아직껏 현역으로 있습니다. 사람은 쉽사리 자신의 성공 경험에서 벗어날 수 없습니다. 바로 얼마 전까지만 해도 멜론을 팔아 엄청난 돈을 벌던 농부에게 박리다매인 잎채소로 푼돈을 벌라고 하는 것은 아무래도 어려운 이야기입니다.

어떤 업계건 보통 신입이 들어오면서 자연스레 진행되는 세대교체로 신진대사가 일어납니다. 하지만 대부분 부모로부터 물려받아 일을 시작하는 농업계에서는 그런 일이 일어나기 어렵습니다. 세대교체에 시간이 걸리고 들어오는 인재의 폭도 좁기 때문에 신진대사는커녕 오래된 세포가 새로운 세포의 발생을 저해하고 있습니다.

경쟁에 무관심한 기존 농가가 위기감이나 긴장감을 갖지 않는 데에는 놀라움을 금할 수 없습니다. 부모 곁에서 편안하게 지내는 농가의 청년에게 앞일은 걱정이 되지 않느냐고 묻자 이런 대답이 돌아왔습니다.

"뭐, 말씀하신 대로 10년에서 15년이 지나면 부모님은 돌아가시겠죠. 그때까지는 생각을 하지 않으려고요."

저도 모르게 흠칫했습니다. 미래는 어떻게 될지 모른다는 긴장감을 안고 살아가는 우리에 비하면 완전히 별천지입니다. 농업만

이 세상에서 격리되어 있는 느낌마저 듭니다.

> 회전문을 살짝 돌리면 바깥 공기가 흘러 들어오지만
> 서둘러 멈추러 오지요, 제복을 입은 보이가
> (…)
> 이곳은 시간이 없는 호텔
> 20세기를 즐기는 곳
> 수염을 뽑힌 손님은 모두
> 결코 이곳을 나가서는 안 되지요
> 결코
> – 마쓰토야 유미松任谷由実, 〈시간이 없는 호텔時のないホテル〉에서

신규 취농자는 앞으로 어떻게 하면 좋을까요? 농업을 고기잡이에 비유한다면 지금까지는 정부가 만든 방파제가 있는 작은 항구에서 조용히 나룻배를 저어 그럭저럭 고기를 낚으면 언제까지고 가족과 함께 살 수 있었습니다. 하지만 국경 없는 경제인 큰 바다에서는 그것이 허용되지 않습니다. 잡을 물고기가 있다면 아무도 모르던 시골의 한적한 포구에도 전 세계의 어선이 몰려드는 그런 시대입니다.

그렇다면 모두 대형 어선을 몰아 먼 바다로 나아가야 할까요? 그렇게 생각하진 않습니다. 다른 배들의 움직임을 보면서 어느 곳에서 어떤 고기를 잡을지 생각해야 하는 시대가 된 것은 분명합니

다. 그냥 낚싯줄을 늘어뜨린다고 해서 잡힐 고기는 없습니다.

일본의 농산물 시장이 어떻게 변해야 할지에 대해 다양한 의견이 있다는 것은 압니다. 논의는 많이 해야 합니다. 하지만 좋든 싫든 이미 일본의 바다는 국경 없는 바다와 연결되고 말았습니다. TPP환태평양경제동반자협정가 오든 오지 않든 우리가 조용한 포구라고 생각했던 곳은 이미 거센 바다가 되고 말았습니다. 머리띠를 두르고 방파제를 만들어달라고 정부에 진정하는 것도 좋습니다. 하지만 당장 키를 잡지 않으면 배가 뒤집어질지도 모릅니다.

평범한 채소로는 안 된다

그럼에도 대부분의 농가는 살아남을 방법 따위는 생각하지 않습니다. 왜일까요? 무엇보다도 농가라고 불리는 가구 대부분이 농업으로 생계를 꾸리는 전문 농업 종사자가 아니기 때문입니다. 농가는 농산물을 생산하고 판매하는 가구를 가리키는 말이 아닙니다. 농림수산성이 정의하는 농가란 경영하는 경지 면적이 1000제곱미터 이상 또는 농산물 판매 금액이 15만 엔 이상인 가구를 말합니다. 1000제곱미터의 농지 혹은 15만 엔의 매출이라니. 취미 수준의 텃밭을 가꾸는 것과 다를 게 없습니다. 마치 소형 트럭을 가지고 있는 사람을 두고 운송업자라고 하는 것과 마찬가지입니다. 그런 비전문적인 농가가 국경 없는 경제 속에서 자리를 잡는다? 도무지 답이 나오지 않습니다.

게다가 수치상으로는 농가의 60퍼센트가 연간 매출 100만 엔이하, 말하자면 농업으로 살아가지 않는 가구입니다. 덧붙이면 그중 10퍼센트는 매출이 전혀 없습니다. 농가의 평균 연령 66세, 평균 소득 200만 엔이라는 숫자를 접합니다만 그중 10퍼센트는 농업을 전혀 하지 않는다는 것을 알아둘 필요가 있습니다.

농사일을 하지 않는 농가, 그런 가구들을 농가로 집계하고자 하는 사람들에 대해서도 하고 싶은 말은 있지만 그것은 다음 기회로 미루겠습니다. 중요한 것은 앞으로 전문적으로 농업을 하려는 사람은 그런 현실에 혹해서는 안 된다는 점입니다.

매스마케팅 시대에는 어디서든 똑같은 것을 재배했습니다. 농업 종사자가 매출을 올리려면 생산량을 늘리거나 채소가 귀한 시기에 생산하여 비싼 값을 노리는 수밖에 없었습니다.

지금은 다릅니다. 같은 양상추라도 가공용인지 요리용인지, 샐러드용인지 가열용인지, 슈퍼마켓에서 저렴하게 팔 것인지 백화점에서 비싸게 팔 것인지 등 다양해진 수요에 따라 다양한 생산 및 유통 형태가 있습니다. 가격과 규격을 중시하는 일반적인 시장이 있는가 하면 남들과 다른 독특한 채소가 경쟁력을 갖는 특별한 시장도 있습니다. 보통은 일반적인 상품이 부가 가치가 낮고 특별한 상품이 부가 가치가 높다고 여기곤 합니다만 반드시 그렇지는 않습니다.

유기농 채소처럼 생산 과정에 특징이 있는 채소는 그 차이를 한눈에 알 수 없습니다. 특징을 확연히 알 수는 없지만 이야기와 배경이 특정 소비자의 마음을 울리는 그런 상품도 특별하다고 할 수 있습니다. 공정거래 상품 등이 대표적인 예입니다.

모두가 똑같은 것을 원했던 시대에는 생산자도 소비자도 단순했습니다. 모두가 멜론이 맛있다고 할 때에 달콤한 멜론을 많이 재배하면 돈을 벌었습니다. 하루라도 빨리 시장에 공급하면 높은 가격이 매겨졌습니다.

하지만 웬만한 것은 어느 곳에나 있는 지금은 당도 전쟁, 조기 출하 전쟁과 같은 방법만으로는 사람들의 관심을 끌 수 없습니다. 오히려 수작을 부리는 듯한 그런 방법들은 반감을 살 수도 있습니다. 물론 앞으로도 그런 방법을 좋아하는 사람들은 일정한 비율로 남아 있을 것입니다. 농산물에 대해 별다른 생각이 없는 사람들은 계속해서 가격이 저렴해져서 1엔이라도 싼 것을 구하길 바랄 것입니다. 그런 면에 있어서 생산자와 유통업계는 한층 가격을 내리기 위해 노력해야 합니다.

하지만 이런 오래된 방법으로는 모든 고객의 수요에 응할 수 없습니다. 평범한 것과 다른 것을 갖고 싶다는 욕구는 계속 커져갑니다. 우리는 그런 수요에 응해야 합니다. 50종 이상이나 되는 채소를 유기농으로 재배하여 직접 고객에게 보내는 히사마쓰농원의 방식은 기존의 통념에서 벗어나 있습니다. 물론 거기에는 이런저런 다른 이유도 있지만 바탕에는 모든 것을 우리가 직접 하고 싶다는 고집이 있습니다. 합리성과는 다른 차원의 문제입니다. 왜냐고 누가 묻더라도 '다른 방법으로는 감동이 오지 않으니까'라고 답할 수밖에 없습니다. 합리성이라는 틀을 벗어난, 감동을 추구하는 농업. 이것을 저는 작고 강한 농업이라고 부릅니다.

엉뚱함이야말로 무기다

사람은 누구나 사회의 틀에서 벗어난 개성을 가지고 있습니다. 다만 사회와 타협을 해야 하니 평범한 사람들은 일반적인 틀에 맞춥니다. 하지만 엉뚱한 고집을 시장에서의 가치와 결부시킬 수 있다면 일반적인 틀에 얽매이지 않고도 살 수 있습니다. 지금까지 반복해서 서술해왔듯이 저는 시장에 전략적으로 접근한 적은 없습니다. 엉뚱함으로 일관하고자 했고 그 엉뚱함을 사줄 사람이 누구일까를 계속 생각해왔습니다.

개인적이고 작은 수요에 응한다는 건 말하기는 쉽지만 상당히 어려운 일입니다. 열 명의 고객이 필요하다고 할 때, 모든 사람들이 원하는 물건이라면 열 명의 눈에 띄게만 하면 됩니다. 하지만 엉뚱한 상품은 열 명 가운데 한 명에게밖에 통하지 않으니 고객을 열 명 찾으려면 백 명의 눈에 띄어야 합니다. "틈새시장을 노리는 사람은 오히려 시장 전체를 의식해야 한다." 회사원 시절에 배운 말입니다. 독특한 채소를 재배한들 시골 직판장에서는 팔리지 않는다고 투덜대는 농업 종사자가 많습니다. 맞는 말입니다. 흔하지 않은 것으로 돈벌이를 하려면 큰 시장에서 팔아야 합니다. 그렇기 때문에 특정 소수를 위한 가게와 전위적인 예술 등이 도쿄에 모일 수밖에 없습니다.

하지만 지금은 같은 가치관을 가진 사람을 이전보다 쉽게 찾을 수 있습니다. 인터넷과 택배 덕분입니다. 새로운 의사소통 도구가 등장한 덕분에 정보를 꾸준히 내보내면 그것을 원하는 고객에게 효율적으로 다가갈 수 있습니다. 지방 소매점에서 승률이 1할인 영업을 계속하는 것보다 합리적인 접근 방식입니다. 게다가 돈도 그다지 들지 않습니다. 필요한 것은 의지뿐입니다. 또한 일본은 홋카이도 끝에서 오키나와沖繩까지 택배 유통망이 골고루 퍼져 있습니다. 이바라키에서 화물이 보내면 다음 날이면 아오모리青森와 시코쿠에 도착합니다. 이 두 가지를 활용하면 농협으로 대표되는 기존 유통 방식에 얽매이지 않고도 사업을 일으킬 수 있습니다.

예를 들어 가족이 살아가는 데 400만 엔이 필요하다고 합시다. 수익률을 50퍼센트로 가정하면 연간 800만 엔의 매출이 필요합니다. 이 경우 단가 3000엔인 상품을 한 달에 220개만 팔면 됩니다. 모든 연줄을 동원해 죽기 아니면 살기로 영업하면 불가능한 숫자는 아닙니다. 또는 비닐하우스 2000제곱미터를 세워 시장 규격의 오이를 50톤 정도 출하해도 수익은 같습니다. 어느 쪽을 택할지는 개인의 선택입니다. 하지만 전자의 방식을 취할 수도 있는 시대가 되었습니다.

작고 강한 농업이 정답이라고 말할 생각은 털끝만큼도 없습니다. 업무를 분산하는 만큼 경영 효율은 나쁘고 사업 규모에도 한계가 있습니다. 하지만 농업에는 아직 기존 업자들이 손을 대지 않은 영역이 있고, 거기에는 아직 딸 수 있는 꽃이 많이 피어 있다는 점을 강조하고 싶습니다. 생산뿐만 아니라 유통에도 손을 뻗어서 시장의 폭을 넓힐 수 있습니다.

유통의 기능은 크게 나누어 세 가지가 있습니다. 물류, 정보, 결제입니다. 이 가운데 정보와 결제는 최근 10년간 IT가 발전함에 따라 선택의 폭이 넓어졌습니다. 앞에서 말했듯 택배망은 이미 갖추어져 있습니다. 비용은 더 들지만 이용하는 데 어려움은 없습니다. 전 세계를 둘러봐도 이 정도로 물류망이 촘촘히 발달한 나라는 거의 없습니다. 장점을 살린 소규모 농업을 어디서든 할 수 있습니다. 현대는 그야말로 괴짜를 위한 시대입니다.

거듭 말씀드리지만 작고 강한 농업이 전부는 아닙니다. 덩치를 키워 거대 시장을 노리는 농업도, 비용에 비해 수익이 높은 중간 규모의 시장을 노리는 농업도 필요합니다. 시장 규모로 말하면 그들 쪽이 훨씬 큽니다. 작고 강한 농업은 영향력은 있지만 전체에서 차지하는 점유율은 극히 낮습니다.

현재 농업계는 규모를 불리는 데 온 힘을 쏟고 있습니다. 예를 들어 벼농사를 지을 경우, 실제로 20헥타르 정도까지는 규모를 확대할수록 생산 비용이 내려갑니다. 농가들의 평균 경작 면적인 1~2헥타르로는 명함조차 내밀지 못합니다. 일반적인 벼농사에서는 일정 수준 이상으로 규모를 키우지 않으면 경쟁에서 살아남을 수 없습니다.

하지만 일본 농지의 40퍼센트는 중산간지中山間地입니다. 20헥타르 규모로 농사를 지을 수 없는 지역도 많습니다. 그런 곳에서 지금까지와 같은 평범한 벼농사를 보조금 없이 꾸려가기는 어렵습니다. 중산간지 농업을 농산물 공급원이 아닌 국토 보존이나 전통문화 유지를 위한 사회정책으로 보고 세금으로 뒷받침할 것인지 장점을 살린 작고 강한 농업을 늘려갈 것인지는 국민이 생각해서 정할 일입니다.

농업을 경영하는 입장에서 앞으로 예측되는 경제 환경은 혹독하기 짝이 없습니다. 인구 감소에 따른 수요 감소, 시장 개방에 따른 가격 하락에 직면해 있습니다. 대충 해서는 살아남을 수 없습니다.

우리가 하고 있는 작고 강한 농업은 손이 많이 갑니다. 큰돈을 벌기도 힘듭니다. 하지만 잘만 하면 꾸준히 수익을 올릴 수 있습니다. 가격 경쟁을 하지 않는 모델이기 때문에 수익성이 급속히 악화될 일도 없고 세금 보전을 필요로 하지 않습니다. 게다가 적은 비용으로 시작할 수 있고 고도의 재배 기술도 필요하지 않습니다. 택할 수 있는 방법이 많아지는 가운데 농업 종사자는 자신이 놓인 조건과 가지고 있는 장점을 살린 방법을 택하면 되고 또한 그렇게 해야만 합니다. 그런 점들을 고려했을 때 저는 틈새시장을 노린 작고 강한 농업이 신규 취농자에게 잘 어울리는 선택 중 하나라고 생각합니다.

농업도 사회의 일부다

대학에서 경제학을 배우면서 개인은 커다란 세계의 일부임을 깨달았습니다. 신문으로 읽는 일본 경제는 어딘가 먼 나라의 이야기처럼 느껴집니다만 분해하면 이를 구성하는 톱니바퀴는 개개인의 일상적인 행위입니다. 작은 톱니바퀴가 하나하나 빈틈없이 돌아가지 않으면 큰 경제도 돌아가지 않습니다.

시스템의 어디를 담당할지는 태어난 시대, 장소, 하고 싶은 일에 따라 다양합니다. 하지만 각자 주어진 일을 착실히 하지 않으면 세상은 돌아가지 않습니다. 세상을 바꾸고자 하는 사람은 많을 것입니다. 하지만 총을 들고 싸우거나 정치가가 되는 것이 세상을 바꾸는 방법의 전부는 아닙니다. 각자 지금 해야 할 일을 하면 세상은 좋은 방향으로 바뀌어갑니다.

저는 아주 엉터리 같은 개인적 동기로 농업을 시작한 사람입니다. 그렇지만 농장을 그럭저럭 꾸려나가게 되자 우리 농장이 큰 시스템의 일부로서 움직이고 있음을 느끼게 됩니다. 저 한 사람의 배를 불리는 데 힘을 쓴들 큰돈을 벌 수는 없습니다. 그보다도 지금 이 자리에 모인 사람들과 재미있는 일을 하는 편이 의미가 있다고 생각합니다. 우리 농장은 보잘것없는 곳입니다만, 작고 강한 농업을 하고 싶어 하는 사람에게 제공할 수 있는 것은 많이 가지고 있습니다. 그러니 다가오는 시대를 준비할 인재를 육성하는 일에도 공헌할 수 있으면 합니다. 다품목 재배에다 소매까지 하는 농장이기 때문에 전 분야의 모든 업무를 뭐든 경험할 수 있습니다. 그것이 작은 회사에서 일하는 장점입니다.

사업으로서 독자성이 있는 상품을 추구한다면 일하는 사람에게도 독창성이 필요합니다. 결코 간단하지는 않지만 의지가 있는 사람, 기존의 일로는 만족하지 못하는 사람에게는 가치가 있는 재미있는 일입니다. 일하는 사람으로서 그런 재미를 평생 파고드는 것도 하나의 길입니다. 또한 그런 데 관심을 가진 사람들이 재미있게 일할 수 있는 장을 제공하는 것도 한번 해볼 만한 가치가 있는 소중한 일 아닐까요. 우리 농장 혼자서 할 수 있는 일은 많지 않습니다. 다른 동료나 지방자치단체 등과 손을 잡아 새로운 농업을 해나갈 사람을 늘리고 싶습니다.

농업을 시작한 지 15년, 제 농업은 아직 이제 막 시작되었을 뿐이라는 게 솔직한 심정입니다. 저처럼 미숙한 사람이 무슨 말을 할 수 있을까 걱정도 했습니다. 하지만 다른 한편으론 그런 식으로 생각해서야 언제까지고 다음 세대를 키울 수 없다고 생각했습니다. 회사에 근무하는 제 또래의 친구들은 모두 새로 들어오는 젊은이들을 만나고, 격려하고 고민하고 키우고 있습니다. 그런데 농업을 하고 있는 저만 그 역할에서 도망치는 게 옳은 일일까요?

저 혼자 할 수 있는 일은 농업 전체로 보자면 보잘것없는 일입니다. 그럼에도 저는 다음 사람들에게 배울 장을 제공하고 싶고, 그렇게 해야만 한다고 생각합니다. 지금까지 만든 네트워크를 살려 다른 것과 연계하면 뭔가 재미있는 일이 일어나지 않을까 하는

*

예감이 듭니다. 제가 주장하는 작고 강한 농가가 각 현에서 백 가구, 일본 전체에서 오천 가구 정도까지 늘어나면 그 비율은 전체 농가의 1퍼센트에 달합니다. 농업 종사자 중 1퍼센트가 작고 강한 농업에 동참한다면 농업 전체가 조금씩 움직이기 시작할 것입니다. 그렇게 해서 눈사태가 일어난 것처럼 일본의 농업이 크게 바뀌어가는 모습을 보는 것이 저의 비밀스럽고 심술궂은 꿈입니다.

마치며 - 지금을 산다

"당신에게 농업이란 무엇입니까?"라는 질문을 받을 때가 있습니다. 지금을 느낄 수 있는 일이라는 것이 제 대답입니다. 채소는 시시각각 모습을 바꿉니다. 파종한 것이 싹이 트고 꽃을 피우고 마침내 열매를 맺습니다. 하지만 소중히 키우고 싶다는 생각을 비웃기라도 하듯 벌레가 달려들고 바람이 줄기를 꺾습니다. 변덕스런 날씨는 매년 제멋대로고 실수는 반복됩니다. 결과를 100퍼센트 보장할 수 있는 일은 하나도 없습니다.

하지만 생각대로 되지 않아서 오히려 그 과정 전부가 재미있다, 작물이 건강한지 어떤지는 채소의 얼굴에서 보자는 것이 저의 입버릇입니다. 사람이 한 일의 결과도 자연의 맹위가 낳은 결과도 그대로 채소에 드러납니다. 농업은 좋든 싫든 지금을 실감할 수 있어 재미있습니다.

선생님이나 부모님으로부터 "오늘 할 일을 내일로 미루지 말라"라는 말을 들은 적이 있습니까? 저도 어릴 적에는 많이 들었습니다. 개미와 베짱이 이야기를 예로 들면서 "눈앞의 좋아하는 일만 하면 참고 노력하는 사람과 차이가 벌어지고 만다니까"라며 기를 죽이는 겁니다.

하지만 쿠바에는 "내일 할 수 있는 일을 오늘 하지 말라"는 속담도 있다고 합니다. 오늘이라는 날은 두 번 다시 오지 않으니 오늘은 오늘만 할 수 있는 일을 하라는 뜻입니다. 그게 정말이냐고

묻고 싶은 사고방식입니다만, 어른이 어린이에게 그런 이야기를
들려주는 나라도 있습니다.

제가 좋아하는 시 중 이소무라 히데키磯村英樹라는 시인이 쓴 〈도
중途中〉이 있습니다.

지금 '도중'이라고 생각하는 얼굴이

전동차에 나란히 앉아 있다

서서 손잡이에 매달려 있다

전동차가 종착역에 도착하면 다음 전동차로 갈아타고

전동차에서 내려도 도중

집에 도착해도 도중

밥을 먹을 때도 도중

자고 있을 때도 도중

뭔가가 앞에 있는 것 같아

죽을 때까지 도중이라는 얼굴을 하고 있음에 틀림없다

그런 어중간한 얼굴만 늘어서 있다

지금을 살고 있는 얼굴은 없을까

둘러보고 있자니

갑자기 차디찬 물보라를 맞았다

머리끝에서 발끝까지

야무짐으로 똘똘 뭉친 그 여자

뭔가를 지금에 걸려고 하는 그 자세

말똥말똥 기민하게 움직이는 짐승의 눈동자

시원하고 간들간들한 손

참으로 너무나 돋보이는 선명함이다

숨죽이고 보고 있자 여자도 나를 의식했다

그리고 전동차가 멈췄을 때

여자는 아무렇지도 않은 듯 나에게 다가와

마치 다른 사람에게 밀렸다는 듯이

부드럽고 탄탄한 몸을 밀어붙여

요상하게 불타는 눈길로 내 마음을 꿰뚫고

그 순간의 충족에 전율하는 내 가슴에서

슬그머니 지갑을 잽싸게 빼내갔다

그때

도중의 얼굴이 떼 지어 늘어선 전동차 속에서

도중의 궤도를 벗어날 수 있었던 내가

찰나의 사랑에 불타오르는 생명의 불로 밝아지면서

빛나게 그곳에 살고 있었다

회사원 시절 이 시를 인쇄하여 지갑에 넣어 다니며 무슨 일이
있을 때마다 읽곤 했습니다.
　'하고 싶은 일을 찾는 중이라서, 돈 때문에 어쩔 수 없어서, 앞
에 뭔가 있는 것 같아서 평생 도중인 삶을 계속할 것인가?'
　스스로에게 그렇게 물음을 던지곤 했습니다.

마치며 - 지금을 산다

오늘 할 수 있는 일을 내일로 미루지 말라는 것은 달리 말하면 내일을 위해 오늘은 자제하면서 살라는 이야기입니다. 하지만 기다리면 좋은 일이 있을 거라는 기대는 경제가 성장을 계속했던 시대의 환상에 지나지 않습니다. 사회학자 우에노 지즈코上野千鶴子가 《안녕 학교화사회サヨナラ学校化社会》에서 한 말을 빌리면 "부모님이나 선생님은 입만 벌리면 장래를 위해 열심히 하라고 하지만 그런 삶은 모두 기약 없는 것"입니다. 어린이 시절은 어른이 되기 위한 준비 기간이 아닙니다. 어린이일 때만 할 수 있는 일들을 하기 위한 시간입니다.

자신이 언제 죽을지 아는 사람은 없습니다. 우리는 인생이 어디에서 끝날지 모르면서 살고 있습니다. 내일을 위해 오늘을 자제하는 삶을 계속하는 한 목적은 절대로 달성할 수 없습니다. 저는 그런 불완전함으로 가득 찬 삶을 영위하고픈 생각은 없습니다. 하고 싶은 일을 하고 싶은 대로 하는 것이 제 인생의 목적을 달성하는 방법입니다.

"농업은 힘들죠?"라는 말을 듣곤 합니다. 대개는 부정적인 느낌으로 다가옵니다. '아아, 이 사람은 힘든지 아닌지만으로 일을 판단하는구나. 참으로 안됐다'라고 생각해버립니다. 그런 식으로 사는 사람은 지금을 사는 재미를 맛보지 못한 채 일생을 마칠지도 모릅니다.

노동과 일은 다릅니다. 노동, 즉 싫어하는 행위를 하고 보상으로 돈을 받는 것은 일을 하는 것이 아니라 시간을 파는 것이고, 그 사람은 그저 어쩔 수 없이 그렇게 할 따름입니다. 제가 생각하는 일이란, 자신이 가진 어떤 것을 다 드러내고 무엇인가에 진지하게 임하는 것입니다. 거기에서 파생되는 생각하는 재미, 결과가 나올 때의 성취감, 그것이 세상 누군가를 기쁘게 하는 만족감이 일의 기쁨입니다. 모두가 그런 삶을 살면 세상은 금세 바뀌리라 생각합니다.

기쁨을 다른 누군가와 나눈다! 그것만이 이 세상을 뜨겁게 한다!
– 오자와 겐지小沢健二, 〈통쾌, 신바람 나는 대로痛快ウキウキ通り〉에서

게으르고 도망치는 버릇이 있는 저에게, 농업은 진정한 일의 기쁨을 가르쳐주는 존재입니다. 채소가 "이봐, 날 내버려두지 말고 신경 좀 써줘"라고 말을 걸어오니까요.

편집자인 야나세 도오루柳瀬徹 씨에게 이 책의 기획을 의뢰받은 건 2013년 8월입니다. 원고를 마무리하면서 최초의 기획서를 다시 읽어보았습니다. 블로그를 시작한 2006년 이전의 8년 동안은 일기도 남아 있지 않아서 기억 저편으로 가버린 과거를 다시 떠올리기가 생각보다 힘들었습니다. 결과적으로 대상으로 삼은 시기와 내용이 처음에 기획한 것과는 상당히 달라져버렸습니다.

좋아하는 것을 일로 삼은 저에게는 일과 사적인 것에 구별이 없습니다. 농업에 심취하여 마음이 동할 때는 좋아하는 책의 한 구절이 머리에 떠오르기도 하고 노래가 흐르기도 합니다. 그런 사고

의 단편이 전해졌으면 하는 마음으로 글쓰기에 도전했습니다만 필력의 한계를 뚜렷이 느꼈습니다. 그래도 솔직히 쓴다는 원칙은 지켰다고 생각합니다.

너무 멋대로 구는 저를 격려하고 조언을 해준 야나세 씨와 출판사인 쇼분샤晶文社의 안도 사토시安藤聰 씨, 기꺼이 집필 환경을 만들어준 직원들과 가족에게 감사하며 붓을 놓고자 합니다.

2014년 10월 29일 히사마쓰 다쓰오

지은이 **히사마쓰 다쓰오** 久松達央 | 히사마쓰농원의 대표이다. 1970년 이바라키 현에서 태어나 1994년 게이오대학 경제학부를 졸업하고 데이진(주)에 입사했다. 1998년 연수를 거쳐 농업을 시작해, 지금은 일곱 명의 직원과 함께 제철 유기농 채소를 재배하여 전국의 고객들에게 직접 판매하고 있다. 저서로《겉치레 없는 농업론》이 있다.

옮긴이 **고재운** | 고려대학교 철학과를 졸업하고 도쿄대학 대학원에서 수학했다. 2003년 서울을 떠나 경상북도 포항에서 DIY 목공학교인 '만드는 세상'을 운영하며 전문 번역가로도 활동하고 있다. 옮긴 책으로《일상을 철학하다》,《시골은 그런 것이 아니다》,《생각하는 어린이가 힘이 세다》,《남극의 셰프》등이 있다.

작고 강한 농업

도시청년, 밭을 경영하다

초판 1쇄 발행일 2016년 1월 8일
초판 2쇄 발행일 2018년 2월 19일

지 은 이 | 히사마쓰 다쓰오
옮 긴 이 | 고재운

펴 낸 이 | 김효형
펴 낸 곳 | (주)눌와
등록번호 | 1999.7.26. 제10-1795호
주   소 | 서울시 마포구 월드컵북로16길 51, 2층
전   화 | 02. 3143. 4633
팩   스 | 02. 3143. 4631
페이스북 | www.facebook.com/nulwabook
블 로 그 | blog.naver.com/nulwa
전자우편 | nulwa@naver.com
편   집 | 김지수 김선미
디 자 인 | 이현주
마 케 팅 | 홍선민

제작진행 | 공간
인   쇄 | 비전프린팅
제   본 | 상지사P&B

ⓒ눌와, 2015
ISBN 978-89-90620-76-7 03300